혼내는 사람, 혼내지 않는 사람을 혼내는 사회

# 왜 우리는 남을 혼내는 것을
# 멈추지 못할까?

| 무라나카 나오토 |

(村中直人)

KB193931

# 머리말

　이 책은 누군가를 혼낼 가능성이 있는 모든 사람을 위한 책입니다.

　가장 먼저 전하고 싶은 것은 우리가 흔히 '혼내기에 의존하는 현상'을 자각하지 못한 채 살아가고 있다는 점입니다.

　혼내는 행위는 단순히 상대를 변화시키기 위한 수단이 아닙니다. 그것은 때때로 혼내는 사람의 내면적 욕구를 충족시키는 역할을 하기도 합니다. 심지어 어떤 사람들은 혼내지 않고는 견딜 수 없는 상태에 빠지기도 합니다.

　혼내고 혼나는 일은 너무나도 일상적인 경험입니다. 누구나 혼내기에 의존하는 당사자가 될 수도, 그 장면을 지켜보는 사람이 될 수도 있습니다. 더 나아가 혼내기에 의존하는 문제는 단순한 개인의 행동을 넘어 사회 전반의 제도와 문화에도 영향을 미치는 일종의 사회적 병폐로 볼 수 있습니다. 따라서 이 문제를 다루는 것은 단지 개인의 삶을 더 낫게 만드는 데 그치지 않고, 더 나은 사회를 만들어 가는 데도 중요한 의미를 갖습니다.

이 책에서는 우리가 일상에서 자주 접하는 '혼내기'라는 행위의 본질을 뇌과학적 관점과 다양한 사회적 사례를 통해 되짚어보고, 혼내기에 의존하지 않는 방법과 대안을 함께 모색하고자 합니다. 또한 독자 여러분이 이 책의 취지를 더 깊이 이해할 수 있도록 제가 이 책을 쓰게 된 개인적인 계기도 함께 나누고자 합니다.

저는 임상심리사이자 공인심리사로서, 주로 발달장애로 분류되는 신경학적 소수자들을 돕고, 이들을 지원할 전문가를 양성하는 일을 하고 있습니다. 이 과정에서 만나온 발달장애 당사자, 보호자, 그리고 지원자들과의 경험은 이 책에 깊이 녹아 있습니다.

특히 저는 뇌과학과 인지과학을 연구하면서, 발달장애를 더 정확히 이해하고 적절히 대응하는 방법을 익혀 왔습니다. 이 과정에서 뇌, 신경, 그리고 인지(정보 처리) 방식을 이해하는 것이 단지 발달장애를 이해하는 데만 그치지 않고, 인간 자체를 이해하는 데도 필수적이라는 사실을 깨달았습니다.

그러던 중 '누군가를 벌할 때 뇌의 보상 시스템이 활성화된다'는 연구 결과를 접했고, 저는 깊은 충격을 받았습니다. 그 일을 계기로 저는 '혼내기에 의존하는 현상'이라는 개념을 본격적으로 고민하게 되었습니다.

이 책은 뇌과학적 시각에 심리학적 통찰을 더해 구성되었습니다. 특히 발달장애를 가진 아이들과 성인들이 지나치게 자주 혼나는 환경에 놓여 있다는 사실은, 이 책을 써야겠다는 제 결심에 결정적인 영향을 주었습니다. 그들은 때로는 가까운 사람에게서, 때로는 불필요한 체벌 속에서 지속적으로 혼나는 경험을 하고 있었습니다.

저에게 혼내는 것과 혼나는 것은 오래전부터 중요한 관심사였습니다. 하지만 혼내는 행위를 단순히 비판하거나, 반대로 정당화하는 것만으로는 현실적인 해결책이 될 수 없다는 사실을 분명히 깨달았습니다.

진정 중요한 것은 혼내기라는 행위를 올바로 이해하고, 그것을 어떻게 다루어야 할지를 배우는 것입니다.

그래서 저는 이 책을 단지 지식을 전달하는 데 그치지 않고, 혼내기에 대한 사회적 인식을 새롭게 하는 계기가 되기를 바라는 마음으로 집필했습니다.

이 책이 여러분에게 "나는 지금 어떤 방식으로 타인을 대하고 있는가?"라는 질문을 던지는 출발점이 되기를 바랍니다. 그리고 그 질문 속에서 혼내지 않고도 함께 성장할 수 있는 길을 발견하시길 바랍니다.

끝까지 함께해 주셔서 감사합니다.
이 책이 여러분에게 작지만 진심 어린 전환점이 되었으면 합니다.

# PART 2
# 혼내기에 의존하다

# PART 3
# 혼내기에 대한 의존은 사회의 병이다

# PART 4
# 혼내기에 의존하지 않기 위해

# PART 1

# 혼내기란 무엇일까?

## 혼내기 제대로 이해하기

혼내기는 오랜 시간 동안 반복되어 온 행동이지만 오늘날에도 여전히 중요한 주제로 남아 있습니다. 이를 정확히 이해하기 위해서는 먼저 정리해야 할 핵심 개념들, 그리고 반드시 고려해야 할 다양한 요소들이 존재합니다. 이러한 탐색의 과정은 혼내기의 본질을 파악하고, 나아가 보다 효과적이고 건강한 대응 방법을 모색하는 출발점이 될 것입니다.

# 1 사람은 왜 혼내는 것일까?

## '제대로 혼내라', '혼내면 안 된다'라는 상반된 사회적 메시지

혼내기를 다시 생각해 보는 첫걸음은, 우리 사회가 왜 '혼내야 한다'고 강하게 요구하게 되었는지를 살펴보는 데서 시작됩니다. 실제로 '혼내지 않으면 오히려 비난받는다'는 분위기와 압력은 일상 곳곳에 분명히 존재합니다.

우리는 일상 속에서 다음과 같은 말을 자주 듣습니다.

"요즘은 제대로 혼내지 않아서 문제야."

"혼내는 것과 화를 구분하지 못하는 사람들은 참 곤란하다."

"진심으로 혼내는 것이 중요한데, 아이들을 버릇없이 키우고 훈육을 포기하는 사람들이 있다."

이처럼 혼내야 한다는 인식은 사회 전반에 널리 퍼져 있으며, 혼내지 않으면 오히려 책임을 다하지 않은 것처럼 여겨지는 분위기가 자연스럽게 형성되고 있습니다.

예를 들어, 공공장소(지하철, 음식점 등)에서 아이가 부적절한 행동을 한다고 가정해 봅시다. 아이가 큰 소리로 떠들거나 진열된 물건을 함부로 만지는 경우, 보호자가 조용히 훈육하여 주변 사람들이 알아차리지 못하면, 오히려 "왜 제대로 혼내지 않느냐"는 시선이나 평가를 받을 수 있습니다. 마치 "제대로 혼내세요"라는 무언의 압력이 주위에서 은연중에 가해지는 듯한 분위기입니다.

이러한 상황에서는 실제로는 '엄하게 혼내고 싶지 않다'고 생각하는 보호자도 주변의 시선을 의식해 마지못해 '보여 주기식 혼내기'를 하게 되는 경우가 적지 않습니다.

"왜 더 엄하게 혼내지 않는가"라는 비난은 자녀를 양육하는 보호자라면 누구나 한 번쯤은 들어보았을 법한 말이기도 합니다.

즉, 아이를 무조건 받아주지 말고 단호하게 혼내야 한다는 사회적 압력이 여전히 존재하고 있는 것입니다.

실제로 저 역시 다음과 같은 고민을 털어놓는 보호자들을 자주 만나게 됩니다.

"제대로 혼내지 못하고 있어요."

"혼내지 않으면 아이가 제대로 성장하지 않을까 걱정돼요."

그러나 이러한 압박은 비단 보호자에게만 가해지는 것이 아닙니다. 학교 교사나 스포츠 클럽의 코치처럼 아이를 지도하는 사람들 역시 예외가 아닙니다. '혼내지 않는 지도자는 부족한 지도자'

라는 인식이 여전히 존재하며, 엄하게 혼내는 모습이 오히려 지도자의 열정과 책임감을 드러내는 방식으로 받아들여지기도 합니다. 실제로 일부 보호자들은 다음과 같이 말하곤 합니다.

"우리 아이가 말을 듣지 않으면 엄하게 혼내주세요."

"나중에 문제가 생기지 않도록 엄격한 선생님에게 혼나며 강하게 자라야 해요."

반대로 엄격하게 혼내지 않는 지도자나 교육자는 '아이들에게 만만하게 보인다', '지도력이 부족하다', '미숙하다'는 평가를 받는 경우도 있습니다.

이처럼 혼내지 않으면 오히려 비난받는 사회적 압박은, 보호자뿐만 아니라 교육자와 지도자에게까지 영향을 미치고 있는 구조적 현실이라 할 수 있습니다.


## 어른도 아이도 혼난다

혼나는 일은 아이들만의 경험이 아닙니다. 어른들 역시 다양한 상황에서 혼나는 경험을 겪습니다.

예를 들어, 직장에서 상사가 부하 직원을 질책하는 장면은 그리 낯설지 않습니다. 물론 어른을 혼내는 방식은 아이를 대할 때와는 다소 다릅니다. 큰 소리로 꾸짖기보다는 주의를 주거나 설득하는 방식 등, 보다 완곡한 표현으로 나타나는 경우가 많습니다.

최근 들어 직장 내 과도한 질책은 바람직하지 않다는 인식이 점차 확산되고 있지만, 그럼에도 불구하고 혼내기가 여전히 당연하게 여겨지는 분위기 또한 존재합니다. 이러한 환경에서는 상대를 강하게 비난하거나 거친 언어를 사용하는 일이 빈번하게 일어나며, 그조차도 자연스럽게 받아들여지는 경우가 적지 않습니다.

"부하 직원을 혼내지 못하는 상사는 실격이다."

"엄하게 질책하지 않으면 일이 제대로 진행되지 않는다."

이처럼 혼내기는 상황에 따라 오히려 장려되는 방식으로 작동하기도 합니다. 이는 혼내는 것이 사람을 성장시키는 데 효과적이라는 오랜 믿음이 여전히 사회 곳곳에 자리 잡고 있기 때문입니다.

예를 들어, '실수에는 단호하게 대응하고, 성과 부족에는 강한 질책으로 위기감을 줘야 한다'는 인식은 오늘날에도 많은 조직 문화 속에 깊이 뿌리내리고 있습니다. 또한 일부 조직에서는 신입 사원 교육에서도 강한 질책이 필요하다고 여기며, 무리한 과제를 부여하거나 고함을 지르게 하는 등 감정적으로 몰아붙이는 방식의 훈련을 여전히 지속하는 경우도 있습니다.

결국 혼내기는 아이들뿐 아니라 어른들에게도 익숙한 경험이며 혼내는 사람들 역시 사회적 압박과 기대 속에서 그 역할을 수행하는 경우가 적지 않습니다.

## '혼내면 안 된다'는 생각 역시 널리 퍼져 있다

한편 '혼내면 안 된다'는 생각 역시 우리 사회 곳곳에 깊이 뿌리내리고 있습니다. 이는 '혼내야 한다'는 관점과는 상반되는 입장이지만, 마찬가지로 널리 공유되는 가치관으로 자리 잡고 있습니다.

예를 들어, 서점의 육아, 교육, 인재 육성과 관련된 분야에서는 '혼내지 말고 칭찬하자'는 메시지를 강조하는 책들이 다수를 차지합니다. 반면 '훈육을 엄하게 해야 한다', '혼내는 것이 더 효과적이다'와 같이 혼내기를 적극적으로 권장하는 책은 상대적으로 드뭅니다.

물론 '잘 혼내는 방법'을 다룬 일부 도서도 존재하지만, 대부분은 칭찬과 훈육의 균형적 접근을 강조하는 내용으로 구성되어 있습니다. 이러한 경향은 육아 및 교육 전문가들이 진행하는 강연이나 상담 프로그램에서도 유사하게 나타납니다.

이처럼 '혼내지 말고 칭찬하라'는 담론이 주류를 이루는 분위기 속에서, 혼내기는 점차 부정적인 행위로 간주되며, 때로는 사회적으로 금기시되는 경향까지 드러납니다. 즉, '혼내면 안 된다'는 가치관 역시 많은 사람에게 자연스럽고 당연한 상식처럼 받아들여지고 있는 것입니다.

결국 우리 사회에는 '혼내지 않으면 혼난다'는 압박과 '혼내면 안 된다'는 가치관이 동시에 존재하는, 모순된 상황이 공고히 자리 잡고 있습니다.


## 혼내기는 과대평가되고 있다

우리는 '혼내지 않으면 혼난다'는 압박과 '혼내면 안 된다'는 가치관이 함께 존재하는 이 모순을 어떻게 받아들여야 할까요?

중요한 점은, 이처럼 상반되어 보이는 두 입장 모두가 사실상 혼내기에 대한 과도한 신뢰를 공유하고 있다는 사실입니다.

예를 들어, '혼내지 않으면 혼난다'는 인식의 이면에는 다음과 같은 믿음이 깔려 있습니다.

- 혼내기는 효과적이다.
- 혼내기는 자녀 교육, 인간 교육, 인재 양성에 필수적이다.

이러한 전제가 없다면 '혼내야 한다'는 주장이 지금처럼 반복적으로 강조되지는 않았을 것입니다.

그러나 실제로 혼내기는 기대만큼의 효과를 발휘하지 못합니다. 특히 혼내기가 학습이나 성장을 촉진한다는 믿음에는 과도한 기대가 담겨 있습니다. 겉보기에는 즉각적인 반응이 나타나는 것처럼 보일 수 있지만, 실질적으로는 문제 해결에 도움이 되지 않거나 오히려 더 큰 부작용을 초래하는 경우도 적지 않습니다.

다양한 연구 결과는 혼내기의 부정적 영향이 그 예상한 효과보다 크다는 점을 지속적으로 지적하고 있습니다.

한편 '혼내면 안 된다'는 메시지 역시 또 하나의 혼란을 불러올 가능성도 있습니다. 많은 사람은 '혼내는 것은 바람직하지 않다', '혼내지 말고 칭찬해야 한다'는 주장에 이론적으로는 동의하면서도, 실제 상황에서는 이를 실천하는 데 어려움을 겪습니다.

예를 들어, 다음과 같은 반응을 자주 접할 수 있습니다.

"혼내면 안 된다는 말에는 저도 동의합니다. 혼나는 사람을 보면 마음이 아프기도 하지요. 하지만 솔직히 말씀드리면 혼내지 않으면 말이 통하지 않는 경우도 정말 많습니다."

"혼내지 말라고들 하지만, 현장의 현실은 다릅니다. 실제로는 혼내지 않고는 도저히 해결되지 않는 상황이 자주 발생합니다."

이러한 반응 속에는 사실상 '혼내기는 효과가 있지만 가능하면 피해야 한다'는 인식이 깔려 있습니다. 그러나 이 역시 혼내기의 효과를 전제로 한다는 점에서, 그 신뢰는 여전히 과장되어 있다고 볼 수 있습니다.

무엇보다 중요한 것은, 혼내기를 피해야 하는 이유가 단지 도덕적이거나 윤리적인 판단 때문만은 아니라는 점입니다. 혼내기는 실제로 문제 해결에 효과적이지 않기 때문에, 다시 말해 실질적인 도움이 되지 않기 때문에 지양되어야 합니다.

더 나아가 혼내기는 단지 기대한 만큼의 효과를 내지 못하는 수준을 넘어서, 그로 인해 발생할 수 있는 심리적 부작용과 관계적 손상이 훨씬 더 클 수도 있습니다.

따라서 혼내기의 악순환에서 벗어나기 위해서는, 우리 사회에 오랜 시간 뿌리내린 '혼내기의 효능감'에 대한 과도한 신뢰를 내려놓는 과정이 선행되어야 합니다. 그리고 이를 위해 가장 먼저 필요한 일은, 혼내기라는 행위가 어떠한 구조로 작동하는지를 정확히 이해하는 것입니다.

다음 장에서는 혼내기의 구조를 단계적으로 분석하며, 그 작동 방식과 인간 관계에 미치는 영향을 보다 깊이 있게 살펴보고자 합니다.

# 혼내기의 본질은 무엇일까?

## 혼내기는 타인의 변화를 바라는 마음에서 비롯된다

사람은 왜 혼내는 것일까요?

그 이유는 대부분 상대가 변화하기를 바라는 마음에서 출발합니다. 예를 들어, 부모는 자녀가 공부 습관을 들이거나 정리 정돈을 잘하길 바라며, 상사는 부하 직원이 업무 성과를 높이고 실수를 줄이길 기대합니다. 이처럼 혼내기는 상대에게 변화를 유도하려는 목적을 지닌 행위라고 볼 수 있습니다.

애초에 상대에게 아무런 변화도 기대하지 않는다면 혼내는 행동 자체가 발생하지 않을 것입니다. 즉, 혼내는 사람은 '혼내면 상대가 변할 수 있다'는 믿음을 전제로 행동하는 것입니다.

따라서 혼내기를 이해하는 첫 번째 단계는, 이 행위가 타인의 변화를 유도하기 위한 수단이라는 점을 인식하는 데서 출발해야 합니다. 더 나아가 혼내기는 혼내는 사람이 기대하는 '바람직한 모습'

이나 '원하는 행동'을 실현하기 위한 전략적 방법이라는 점에서, 그 의미와 기능을 보다 깊이 있게 고찰할 필요가 있습니다.

## 혼내기와 권력의 비대칭성

혼내기를 타인을 변화시키기 위한 수단으로 본다면, 그 행위가 성립하기 위해 전제되어야 할 핵심 조건이 하나 있습니다. 그것은 바로 '권력의 비대칭성'입니다.

즉, 혼내기는 권력을 가진 사람이, 상대적으로 권력이 적은 사람에게 행사하는 행동이라는 점에서 출발합니다.

일반적으로 자신의 권력이 미치지 않는 사람을 변화시키려는 시도는 드물며, 반대로 권력을 가진 사람은 '상대가 변해야 한다' 혹은 '변화시키는 것이 당연하다'는 생각을 더욱 쉽게 가지게 됩니다. 예를 들어, 부모가 자녀를 혼내거나, 상사가 부하 직원을 질책하거나, 선배가 후배를 꾸짖는 장면은 흔히 볼 수 있습니다.

반면 그 반대의 상황—예컨대 부하 직원이 상사를 비판하거나, 후배가 선배의 행동을 문제 삼는 경우—는 혼내기라기보다는 불만 제기 혹은 감정의 표출로 받아들여지는 경우가 많습니다.

이처럼 혼내기라는 행위에는 권력의 행사가 본질적으로 내포되어 있습니다. 여기서 말하는 '권력'은 단순히 직위나 직함을 의미하는 것이 아닙니다. 권력의 본질은 '상황을 정의할 수 있는 권리'에 있습니다. 즉, 어떤 행동이 옳고 그른지, 무엇이 요구되거나 금지되어야 하는지를 정의할 수 있는 사람, 그 기준을 세우고 적용할 권한을 지닌 사람이 바로 혼내기를 정당화하고 실행할 수 있는 위치에 있는 것입니다.

혼내는 상황에는 언제나 '무엇을 혼낼 것인지'를 결정하는 주체가 존재합니다. 이들은 스스로 정한 기준에 따라 상대의 행동을 평가하고, 그 기준을 실현하기 위한 수단으로서 혼내기를 선택하는 것입니다.

# 혼내야만 하는 이유

## 혼내기가 내포하는 공격성: 부정적인 감정을 주는 것

지금까지 이 책에서는 '혼내다'라는 단어의 정확한 정의를 명시하지 않았지만, 앞으로의 논의를 위해 이제 그 의미를 정리하고자합니다. 이는 이 책이 '혼내기'를 어떤 관점에서 바라보는지를 분명히 하는 데 중요한 역할을 합니다.

앞서 설명했듯이 혼내기는 타인을 변화시키기 위한 하나의 수단입니다. 그러나 타인을 변화시키는 방식은 혼내기 외에도 매우다양합니다. '설득하다', '지적하다', '타이르다', '훈계하다', '촉구하다' 등, 일상에서 흔히 사용하는 표현만 보더라도 변화를 유도하는접근에는 다양한 경로가 존재함을 알 수 있습니다.

그렇다면 우리는 왜 굳이 이 중에서 '혼내다'라는 표현을 사용하는 것일까요? 그 이유는 이 단어가 지닌 고유한 의미와 정서적 뉘앙스 속에, 혼내기라는 행위의 본질이 담겨 있기 때문입니다.

사전에 따르면 '혼내다'는 '윗사람이 아랫사람의 잘못에 대하여 호되게 나무라거나 벌을 주다'로 정의됩니다. 이 정의에서 알 수 있듯이, 혼내기는 단순한 설명이나 지적을 넘어 강한 감정 표현과 처벌적 요소를 포함하는 행위입니다. 즉, '설명하다', '설득하다', '지도하다', '주의를 주다'와는 본질적으로 다른 성격을 지닙니다.

혼내기의 특징은 크게 두 가지로 정리할 수 있습니다.

첫째, 감정적 강도입니다. 혼내기는 대체로 분노, 실망, 불쾌감 등 강한 감정을 동반하며, 그 감정이 상대에게 그대로 전달되는 경우가 많습니다.

둘째, 처벌의 개념입니다. 혼내기는 단순한 지적을 넘어서, 상대에게 고통이나 불편을 가함으로써 행동을 교정하려는 의도를 포함합니다.

그렇다면 혼내기는 왜 이처럼 공격적인 태도를 동반하는 것일까요? 그 이유는 혼내기의 전제 자체에 '상대가 부정적인 감정을 경험해야 변화가 일어난다'는 믿음이 깔려 있기 때문입니다. 여기서 말하는 부정적인 감정이란 고통, 두려움, 불안감 등을 의미합니다.

따라서 혼내기는 단순한 피드백이나 설명이 아니라, 상대에게 부정적인 감정을 전달하면서 강한 방식으로 변화를 요구하는 행위라고 할 수 있습니다. 바로 그렇기 때문에 '혼내다'라는 표현은

고유한 의미를 지니며, 그 안에는 공격성과 수용자의 감정 체험이
필수적으로 수반되는 특성이 내재되어 있습니다.


## 이 책에서의 혼내기의 정의

이 책에서는 '혼내기'를 다음과 같이 정의합니다.

언어를 통해 부정적인 감정을 유발하여 상대의 행동이나 인식
을 변화시키고, 이를 통해 자신의 뜻대로 통제하려는 행위

혼내기의 핵심은 타인을 통제하려는 의도와 상대의 부정적인
감정 경험을 수단으로 삼는다는 점에 있습니다.

물론 이 정의에 대해 다양한 이견이 있을 수 있습니다. 그러나
혼내기를 이와 같이 정리함으로써, 우리는 그 문제를 새로운 시각
에서 바라보고, 보다 적절한 대응 방안을 모색할 수 있는 출발점
을 마련할 수 있습니다.

이러한 관점에서 본다면 '화내는 것과 혼내는 것은 다르다', '화
는 참아야 하지만 혼내는 것은 필요하다'와 같은 주장은 설득력
을 잃게 됩니다. 이러한 주장은 대부분 혼내는 사람의 입장을 중
심으로 구성된 논리이기 때문입니다. 그러나 혼나는 사람의 입장
에서 보면 그것이 화이든 혼내기이든 강한 부정적 감정을 경험한

다는 점에서 실질적인 차이는 거의 없습니다.

혼내는 사람의 입장에서는 고함을 지르는 것과 차분한 말투로 말하는 것이 전혀 다르게 느껴질 수 있습니다. 그러나 상대의 입장에서는 두 방식 모두 고통스럽고, 두려움을 유발하며, 불안을 일으키는 부정적인 경험입니다. 감정적으로 거친 말을 들었든, 미소를 띤 차분한 말투로 들었든 고통은 고통이며, 두려움은 두려움일 뿐입니다. 부정적인 감정에는 '나를 위해 해준 말'이라는 설명서나 면책 표시가 붙지 않습니다.

이러한 관점에서 보면, 혼내기와 벌 사이에도 본질적인 차이는 없습니다. 많은 사람이 타인에게 벌을 주려는 이유는, 고통을 통해 변화를 이끌어낼 수 있다는 믿음 때문입니다. 좀 더 구체적으로 말하자면, 고통을 경험해야 반성하고 변화한다는 인식이 그 바탕에 자리 잡고 있습니다.

혼내기와 벌의 차이는 단지 표현 방식이 언어적이냐, 신체적·행동적이냐의 차이에 불과합니다. 그 목적이 상대에게 부정적인 감정을 유발하고, 이를 통해 변화를 유도하는 것이라면, 두 방식은 동일한 구조를 공유한다고 볼 수 있습니다. 따라서 '체벌은 안 되지만 엄하게 혼내는 것은 중요하다'는 주장은 설득력을 갖기 어렵습니다. 두 방식 모두 상대에게 고통을 주어 변화를 유도하려는 시도이며, 혼내기와 벌은 하나의 연속선상에 있는 행위이기 때문입니다. 이 지점에서 우리는 하나의 단순하지만 본질적인 질문을 마주하게 됩니다.

"사람은 왜 타인에게 부정적인 감정을 주고 싶어 하는가?"

이 질문에 대한 답은 다양할 수 있으나, 적어도 한 가지는 분명합니다. 바로 '고통 없이는 사람은 변화하지 않는다, 배우지 않는다, 성장하지 않는다'는 믿음이 우리 사회 전반에 깊이 뿌리내리고 있다는 사실입니다. 이 믿음은 매우 강력하여, 머리로는 그것이 옳지 않다는 것을 이해하면서도, 쉽게 떨쳐낼 수 없는 힘을 갖고 있습니다. 사실 이 글을 쓰고 있는 필자 자신조차도, '고통 없이는 성장이 없다'는 사고방식에서 완전히 자유롭지 않으며, 그로 인해 무력감이나 침울함을 느끼는 순간도 있습니다.

혼내기가 학습이나 성장에 실질적인 도움을 주지 않는다는 사실이 명확함에도 불구하고, '고통 없이는 변화가 없다'는 믿음은 여전히 강력한 심리적 작용을 일으키고 있습니다.

이 믿음을 정확히 이해하기 위해서는 단순히 표면적인 행동을 넘어서 그 이면에 자리한 심리적 기제와 내면의 구조까지 함께 살펴볼 필요가 있습니다. 다음 장에서는 이 심리의 내면을 보다 깊이 있게 탐구해 보고자 합니다.

## 2 혼내기의 과학
### – 내면에 주목하기

# 그때 뇌에서는 무슨 일이
# 일어나고 있는 것일까?

혼내거나 혼나는 순간, 그 당사자의 내면에서는 과연 어떤 일이 벌어지고 있을까요?

우리는 일반적으로 '혼내다', '화내다', '벌을 주다'를 서로 다른 행위로 인식합니다. 실제로 겉으로 드러나는 행동만 본다면, 이들 사이를 구분하는 것은 어렵지 않습니다.

그러나 시선을 조금만 달리해 보면 이러한 행위들이 본질적으로 유사한 심리적 반응을 유발할 수 있다는 점을 발견할 수 있습니다. 즉, 시각적·청각적으로 받아들이는 정보는 다를 수 있으나, 그로 인해 내면에서 발생하는 심리적 변화에는 공통된 요소가 존재할 가능성이 있습니다.

겉으로 드러난 모습만으로 상황을 판단하는 데는 분명한 한계가 있으며, 이러한 외형적 판단은 오히려 중요한 본질을 간과하게 만들 위험도 내포하고 있습니다.

따라서 우리는 단순히 행동의 겉모습을 인식하는 데 그치지 않고, 혼나는 사람의 내면에서 어떤 심리적 반응이 일어나는지를 주목하는 태도가 필요합니다. 이러한 관점을 통해 우리는 '혼내기'라는 행위를 보다 심층적이고 새로운 시각에서 접근할 수 있게 됩니다.

이제부터는 혼내기를 보다 정확히 이해하기 위해, 뇌·신경과학 및 심리학의 관점에서 이 주제를 살펴보고자 합니다. 이러한 접근은 이 책의 핵심 주제인 '혼내기에 대한 의존성'을 이해하는 데 필요한 기초 개념을 제공할 뿐 아니라, 일상적인 대인 관계와 감정 조절에 관한 통찰과 실질적인 시사점도 함께 제시할 것입니다.

# 부정적 감정과 뇌의 체계

혼내는 과정에서 유발되는 두려움과 불안 같은 부정적 감정이 우리 뇌에서 어떤 방식으로 작용하는지를 살펴보겠습니다.

## 두려움과 불안에 반응하는 뇌의 핵심 부위: 편도체

뇌 깊숙한 곳에 위치한 '편도체'는 그 형태가 아몬드와 유사하여 이러한 이름이 붙었습니다. 이 구조는 강렬한 감정, 특히 두려움과 불안에 민감하게 반응하는 뇌 부위로 잘 알려져 있습니다.

신경과학자 조지프 르두 박사의 연구에 따르면, 편도체는 부정적인 감정 경험을 처리하고 기억하는 데 핵심적인 역할을 합니다.

르두 박사는 쥐를 대상으로 특정한 소리와 전기 충격을 반복적으로 함께 제시하는 실험을 진행하였습니다. 그 결과 전기 충격이 더 이상 주어지지 않는 상황에서도 쥐는 소리만으로 몸을 움츠리는 공포 반응을 보이게 되었습니다. 이후 뇌 활동을 분석한 결과

소리 자극이 제시될 때 편도체가 강하게 활성화되는 현상이 확인되었습니다.

실험 초기에는 쥐가 단순한 소리에는 반응하지 않았으나, 소리와 고통이 반복적으로 결합되면서 편도체는 해당 자극을 위험 신호로 학습하게 된 것입니다. 즉, 편도체는 특정 자극을 두려움의 신호로 인식하고 기억하며, 이후에는 그 자극만으로도 공포 반응을 유도하는 역할을 하게 됩니다.

또한 편도체가 손상된 쥐는 동일한 소리 자극에도 공포 반응을 보이지 않았습니다. 이는 편도체가 공포 학습과 기억에 결정적인 역할을 한다는 강력한 증거로 해석됩니다.

이후 다양한 후속 연구를 통해, 이러한 편도체의 기능이 인간에게도 유사하게 작용한다는 사실이 밝혀졌습니다. 인간 역시 부정적인 감정 경험을 할 때, 편도체가 그 감정을 강하게 각인하며 유사한 자극에 대해 신속하게 재반응하도록 학습하는 구조를 가지고 있습니다.

이러한 뇌의 작용을 이해하면, 혼내기라는 행위가 단순한 감정 표현을 넘어서, 상대의 신경계에 '두려움의 기억'을 형성시킬 수 있다는 사실을 알 수 있습니다. 혼내는 과정에서 상대가 느끼는 두려움과 불안은 단순한 심리적 반응이 아닙니다. 그것은 실제 뇌에 각인되고 저장되는 생물학적 반응입니다.

이러한 신경학적 사실은 혼내기의 즉각적인 효과뿐 아니라, 그로 인한 잠재적 위험성을 이해하는 데 있어 매우 중요한 단서를 제공합니다. 즉, 혼내기를 반복하는 행위는 감정을 통한 단순한 통제를 넘어서, 신경계 수준에서 두려움을 조건화하는 위험한 경험이 될 수 있습니다.


## 통증과 혐오에 반응하는 섬피질

편도체는 통증 그 자체에는 직접 반응하지 않으며, 통증이 예상될 때 두려움을 유발하는 역할을 수행합니다. 그렇다면 실제 통증은 뇌에서 어떻게 인식되고 처리되는 것일까요?

뇌는 감정의 종류에 따라 서로 다른 신경 네트워크를 구성합니다. 두려움과 불안에 관여하는 대표적인 구조가 편도체라면, 실제 통증을 처리하는 핵심 뇌 영역은 바로 '섬피질'입니다.

섬피질은 이른바 '페인 매트릭스'라 불리는 통증 관련 뇌 영역 집합의 일부로, 신체적 고통을 인식하고, 이에 대한 정서적 반응을 조절하는 기능을 담당합니다. 연구에 따르면 섬피질의 특정 부위가 손상된 경우, 피부에 바늘이 닿는 감각은 느낄 수 있지만 그 자극을 '고통스럽다'거나 '불쾌하다'고 인식하지 못하는 현상이 관찰되었습니다.

즉, 자극의 위치나 강도는 인지할 수 있어도, 그로 인한 고통의 정서적 측면은 느끼지 못하게 되는 것입니다. 이러한 결과는 섬피질이 단순히 감각 정보를 전달하는 기능을 넘어, 고통의 감정적·인지적 처리에 깊이 관여한다는 사실을 시사합니다.

특히 주목할 점은 이 페인 매트릭스가 신체적 고통뿐만 아니라 사회적 고통을 경험할 때도 활성화된다는 사실입니다.

예를 들어, 소외감, 고독감, 거절감과 같은 감정적 고통을 겪을 때, 뇌는 신체적 부상에 반응할 때와 유사한 신경 활성 양상을 보입니다. 즉, 사회적 고통 역시 뇌에서는 신체적 고통과 유사하게 인식되고 처리되는 경향이 있다는 것입니다.

이러한 발견은 감정적 고통이 단순한 심리적 반응이 아니라, 생물학적·신경학적 기반을 지닌 실질적인 체험임을 입증합니다. 더 나아가 섬피질은 통증 자극을 감지하는 데 그치지 않고, 혐오감, 불쾌감, 공포감 등 다양한 부정적 감정의 처리에도 관여합니다. 이는 우리가 일상에서 겪는 정서적 고통이 단순한 감정의 표면에 머무르지 않고, 뇌의 특정 영역과 긴밀하게 연결된 신경학적 반응의 결과임을 의미합니다.

## 부정적 감정의 기본은 방어 시스템이다

　인간의 부정적 감정 체계가 어떤 역할을 수행하는지를 이해하는 일은, 혼내기가 인간에게 미치는 영향을 파악하는 데 중요한 실마리를 제공합니다.

　조지프 르두 박사는 자신의 저서에서, 편도체를 중심으로 작동하는 신경 회로를 '방어 시스템'이라 명명하였습니다. 이 시스템은 위험을 신속하게 감지하고 생존 가능성을 높이기 위한 즉각적인 반응을 유도하는 구조로 설명됩니다. 즉, 이는 단순한 감정 반응을 넘어, 의식적 사고에 앞서 자동으로 작동하는 생존 기반의 신경 체계입니다.

　최근 연구에 따르면 이 방어 시스템은 '투쟁 혹은 회피 반응'을 유발합니다. 예를 들어, 야생 동물이 위협을 감지했을 때, 즉각적으로 싸울지, 도망칠지를 판단하고 행동하는 능력은 생존에 직결됩니다. 이러한 판단과 반응은 고도로 자동화된 신경 작용을 통해 이루어지며, 편도체를 포함한 방어 시스템의 즉각적인 활성화로 나타납니다.

　인간 역시 이러한 방어 시스템을 기본적으로 갖추고 있습니다. 강한 부정적 감정이 유발될 경우 편도체와 섬피질을 중심으로 한 신경 회로가 활성화되며 다음과 같은 생리 반응이 나타납니다.

- 심장 박동 증가
- 땀 분비 증가
- 동공 확장

이러한 반응은 신체가 위협에 대응하거나 회피할 준비 상태에 들어갔음을 보여주는 자율신경계의 생리적 변화입니다. 다시 말해 인간 또한 위협 상황에 직면하면 신체 전체가 '투쟁 혹은 회피' 모드로 전환되며 이는 생존을 위한 본능적인 대응 방식이라 할 수 있습니다.

여기서 중요한 점은 이 방어 시스템이 인간의 학습이나 성장을 지원하는 체계가 아니라는 사실입니다. 이 글에서 말하는 '학습'과 '성장'은 단순한 자극과 반응 수준을 넘어, 행동의 의미를 이해하고, 상황에 따라 적절하게 판단하며, 스스로를 조절할 수 있는 능력을 포함합니다. 이는 우리가 사회적으로 말하는 '교육'이나 '훈육'의 핵심 요소이기도 합니다.

그런데 편도체가 과도하게 활성화되는 스트레스 상황에서는 지적 활동을 담당하는 뇌 영역인 전두엽의 기능이 현저히 저하된다는 연구 결과가 다수 보고되고 있습니다. 이는 위기 상황에서 인지적 판단이나 분석적 사고가 오히려 행동을 지연시킬 수 있기 때문에, 뇌가 생존을 우선시하여 방어 시스템을 먼저 작동시키는 것으로 해석됩니다. 결국 편도체 중심의 방어 시스템은 인간의 학습을 촉진하기보다는, 오히려 그것을 억제하거나 방해하는 신경학적 메커니즘으로 작동합니다.


## 학습에 대한 욕구를 불러일으키는 체계

그렇다면 인간의 행동에 영향을 미치는 학습은 뇌의 어떤 특정한 체계에 의해 작동하는 것일까요?

이 질문에 대한 단서는 기대와 의욕을 유발하는 욕구 체계에서 찾을 수 있습니다.


## 보상 회로: 새로운 행동을 촉진하는 모험 시스템

'도파민'이라는 물질을 들어본 적이 있으신가요?

뇌의 깊은 부위에는 '도파민 뉴런'이라 불리는 신경 세포가 존재하며, 이 뉴런에서 방출되는 신경전달물질이 바로 도파민입니다.

도파민은 인간이 어떤 보상을 얻었거나, 이를 예측할 때 분비되어 쾌감을 유발하는 신경전달물질로 널리 알려져 있습니다. 이러한 특성으로 인해, 도파민 뉴런을 중심으로 구성된 신경 네트워크는 일반적으로 '보상 회로'라고 불립니다.

여기서 말하는 '보상'은 단순히 금전이나 물질적 이익에 국한되지 않습니다. 생명체가 본능적으로 추구하며, 그로 인해 쾌감을 경험하게 되는 모든 자극을 포함하는, 심리학적 및 신경과학적 개념의 확장된 의미입니다.

이 보상 회로의 핵심적인 특징 중 하나는, 실제 보상이 주어지는 순간보다 보상이 기대되는 시점에서 더 강하게 반응한다는 점입니다. 신경과학자 볼프람 슐츠 박사의 연구에 따르면, 도파민 뉴런은 학습 초기에는 보상이 주어질 때 활성화되지만, 점차 보상이 예측되는 시점에 반응이 집중되는 방식으로 변화하는 것으로 나타났습니다. 이러한 특성은 보상 회로가 단순히 쾌감을 전달하는 시스템에 그치지 않고, 인간의 욕구와 동기를 생성하는 핵심적인 신경 체계로 작동함을 시사합니다.

특히 주목할 점은 예상한 보상이 주어지지 않을 경우 도파민 뉴런의 활동이 급격히 감소한다는 사실입니다. 이러한 반응은 새로운 행동 패턴을 형성하는 데 핵심적인 역할을 하며, 인간의 학습에 있어 중요한 신경 메커니즘으로 작용합니다.

곰곰이 생각해 보면 이는 지극히 자연스러운 이치입니다. 현재의 상태에 충분히 만족하고 있다면, 굳이 새로운 행동을 시도할 동기를 느끼기 어려울 수 있습니다. 그러나 어떤 '욕구'나 '추구 대상'이 생겨날 경우 우리는 그것을 얻기 위해 자발적으로 새로운 행동을 시도하게 됩니다. 이러한 과정에서 보상이 주어지면 해당 행동은 강화되어 반복되며, 반대로 기대했던 보상이 주어지지 않으면 행동은 점차 소멸되는 경향을 보입니다. 이는 단순하지만 매우 강력한 학습 원리입니다.

보상 회로에는 전두엽의 일부 영역도 포함되며, 이 또한 도파민의 영향을 받아 활성화됩니다. 전두엽은 목적 지향적 사고, 의사결정, 자기 조절 등 고차원적 인지 기능을 담당하는 뇌의 핵심 영역입니다. 이로 인해 도파민은 단순히 욕구를 자극하는 것에 그치지 않고, 보상을 얻기 위한 전략 수립, 판단, 자기 통제 등 고차원적 인지 과정에도 깊이 관여합니다. 다시 말해 도파민은 무엇을 선택하고, 무엇을 포기할지를 결정할 수 있도록 돕는 신경적 기반을 제공합니다.

이는 도파민 시스템이 즉각적인 생존 반응을 유도하는 방어 시스템(편도체 기반)과는 본질적으로 다른 방식으로 작동한다는 점에서 중요한 차이를 보여줍니다.

이러한 설명을 바탕으로 필자의 표현을 덧붙이자면 욕구에 기반하여 행동을 유도하는 보상 회로는 일종의 '모험 시스템'이라 부를 수 있을 것입니다. 여기서 말하는 '모험'은 단순한 위험 감수가 아니라 기대와 설렘이 동반된 도전 과정을 의미합니다. 이러한 과정 속에서 인간은 시행착오를 경험하고, 창의적으로 문제를 해결해 나가게 됩니다. 그리고 바로 이러한 도전적 행동을 가능하게 하는 신경학적 기반이, 도파민 뉴런을 중심으로 작동하는 보상 회로인 것입니다.

## 사람의 욕구를 자극하는 다양한 보상

인간에게 어떤 것이 보상으로 작용하는지를 이해하는 일은 매우 중요합니다. 보상은 다양한 형태로 나타나며, 일반적으로 다음과 같이 세 가지 유형으로 분류할 수 있습니다.

- 생리적 보상 : 물, 음식, 성적 파트너 등 생존과 번식에 필수적인 자극
- 학습된 보상 : 돈처럼 후천적으로 그 가치가 학습된 자극
- 사회적 보상 : 협력, 칭찬, 이타적 행동 등 사회적 관계 속에서 얻는 긍정적인 경험

예를 들어, 맛있는 음식, 노동의 대가로 받은 돈, 타인으로부터

의 칭찬은 겉보기에는 서로 다른 형태의 보상처럼 보입니다. 그러나 뇌의 보상 회로는 이러한 자극들을 놀라울 정도로 유사하게 처리합니다. 즉, 뇌의 보상 회로를 활성화할 수 있는 자극이라면 그것이 어떤 종류이든 간에 인간에게는 보상으로 작용할 수 있는 것입니다.

최근 뇌·신경과학 연구에 따르면 고통을 회피하는 행동 자체도 하나의 보상으로 작용할 수 있음이 밝혀졌습니다. 이는 개인이 고통에서 벗어났다고 느끼거나, 원하지 않는 상황을 피했다고 인식할 때, 뇌가 이를 실제 보상을 받은 것처럼 처리한다는 의미입니다.

심리학에서는 오랜 시간 동안 회피 행동이 쉽게 사라지지 않는 이유에 주목해 왔습니다. 인간은 불쾌한 상황을 피하기 위해 특정 행동을 하게 되며, 그 상황이 이미 해소된 이후에도 동일한 행동을 반복하는 경우가 자주 나타납니다. 예를 들어, 학교에서 심한 스트레스를 경험한 아동이 문제 해결 이후에도 등교를 꺼리는 경우가 이에 해당합니다.

이처럼 일시적인 회피가 지속적인 습관으로 고착되는 이유 중 하나는, 회피 행동 자체가 뇌에서 일종의 보상처럼 처리되기 때문일 가능성이 높습니다. 고통을 피하는 경험이 도파민 시스템을 자극하고, 그 결과로 회피 행동이 강화되는 것입니다.

결국 보상이란 단지 무언가를 '획득하는 것'에만 국한되지 않습니다. 바람직하지 않은 상황을 '회피하는 것' 역시 실질적인 보상으로 작용할 수 있습니다. 나아가 인간은 이를 자각하지 못한 채 보상을 경험하며, 이러한 무의식적 보상은 행동을 지속시키고 습관으로 굳어지게 만드는 강력한 동인이 됩니다.


## 왜 손해를 보더라도 벌을 주고 싶을까?

여기에는 인간 심리에 대한 중요한 통찰이 담겨 있습니다.

바로 잘못된 행동을 한 상대를 처벌하는 행위 자체가 강력한 보상처럼 작용할 수 있다는 점입니다.

미국 학술지 『사이언스』에 실린 연구에 따르면, 규칙을 위반한 상대를 처벌할 때 뇌의 보상 회로에서 중요한 역할을 하는 '배측 선조체'가 활성화된다는 사실이 밝혀졌습니다. 특히 이 부위의 활성화가 클수록, 사람들이 손해를 감수하면서까지 상대를 처벌하려는 경향이 뚜렷하게 나타났습니다.

처벌은 직접적인 이익을 수반하지 않으며, 오히려 시간, 에너지, 자원의 소모라는 손해를 초래할 수 있습니다. 그럼에도 불구하고 많은 사람이 처벌을 선택하는 이유는, 그로 인해 느끼는 만족감이나 쾌감이, 실질적인 손해보다 더 크게 작용하기 때문입니다.

이 연구는 인간이 규범을 어긴 사람을 처벌할 때 본능적으로 만족감을 느낀다는 가설을 강력하게 뒷받침합니다.

그렇다면 인간은 왜 이러한 처벌 욕구를 갖게 되었을까요? 이에 대한 가장 유력한 설명 중 하나는, 이러한 심리가 오랜 진화 과정을 거치며 사회 질서와 규범을 유지하는 데 기여해 왔다는 점입니다.

예를 들어, 특정 개인이 부를 독점하거나 공동체의 안전을 위협하는 행동을 했을 때, 이를 방치하면 사회 전체가 해를 입을 수 있습니다. 이러한 상황에서 규범 위반자를 처벌하려는 심리는 다른 구성원들이 자발적으로 규범을 지키도록 유도하는 사회적 억제 기능을 수행하게 됩니다.

이처럼 공동체 전체의 이익을 보호하기 위한 처벌 심리를 심리학에서는 '이타적 처벌'이라 부릅니다. 이는 개인의 이익을 넘어 집단의 질서를 유지하려는 심리적 메커니즘으로 이해할 수 있습니다.

그러나 이후 진행된 여러 연구는 처벌이 단순히 규범 유지를 위한 수단으로만 작동하는 것은 아님을 보여줍니다. 실제로 상대에게 고통을 주는 행위 그 자체가 보상 회로를 활성화시킨다는 결과도 있습니다. 이는 단순한 규범 이상의, 고통을 유발하는 행위 자체가 목적이 되는 공격적 처벌 양상을 시사합니다.

특히 분노 감정이 개입된 처벌은 일종의 복수로 작용하며, 이 경우 뇌의 보상 회로는 더욱 강하게 활성화된다는 보고도 있습니다.

많은 사람은 규칙을 어긴 상대를 응징한 이후, 일종의 해소감을 경험한 적이 있을 것입니다. 이러한 반응은 처벌을 통해 감정적 보상이 실제로 뇌에서 작동하고 있음을 보여주는 심리적·신경학적 증거로 해석할 수 있습니다.

결국 타인에게 고통을 가하는 행위 자체가 특정 상황에서는 인간에게 하나의 '사회적 보상'으로 작용할 수 있다는 점을 시사합니다. 그렇다면 우리는 이러한 처벌 본능을 어떻게 인식하고, 또 어떻게 다루어야 할까요?

처벌 욕구는 분명 일정 부분 사회 질서를 유지하는 데 기여할 수 있습니다. 그러나 이 욕구가 복수심이나 악의로 전이될 경우, 그 결과는 오히려 더 큰 사회적 갈등과 정서적 손상을 초래할 수 있습니다. 따라서 우리는 이러한 심리적 메커니즘을 억압하거나 부정하기보다, 그 실체를 인식하고, 보다 성숙하고 건설적인 방식으로 전환해 나갈 필요가 있습니다.

## 혼내기의 효과와 한계를 생각하다

지금까지 우리는 '혼내는 것'이라는 행위의 배경에 존재하는 인간의 내적 심리 및 신경 체계를 살펴보았습니다. 이제부터는 이러한 내적 체계에 대한 이해를 바탕으로 혼내기의 효과와 그 한계에 대해 설명드리고자 합니다.

혼내기를 비난 또는 옹호라는 이분법적 시각으로만 접근해서는, 이 행동의 본질과 적절한 활용 방식을 제대로 파악하기 어렵습니다. 따라서 혼내기가 지니는 효과와 한계 그리고 그로 인해 발생할 수 있는 문제점을 균형 있게 이해하는 것이 중요합니다.

먼저 혼내기가 일상 속에서 발휘할 수 있는 효과에 대해 살펴보겠습니다. 혼내기의 효과는 크게 두 가지로 나눌 수 있습니다. 하나는 위기 개입 효과, 다른 하나는 억제력으로서의 효과입니다.

효과 ① 위기 개입

혼내기의 본질이 상대에게 부정적인 감정 경험을 유도하는 것이라면, 이는 신경과학자 조지프 르두 박사가 제시한 방어 시스템을 의도적으로 활성화하는 행위라고 볼 수 있습니다. 이러한 방어 시스템이 작동하는 상태를, 본 글에서는 '방어 모드'라고 부르겠습니다. 방어 모드는 다음과 같은 특징을 가집니다.

- 즉각적인 반응을 유도합니다.
- 비이성적인 반응(투쟁 혹은 회피)을 촉진합니다.

혼내기는 이러한 본능적인 신경 반응 체계를 자극하여, 단시간 내에 행동 변화를 유도하는 방식으로 작동합니다.

따라서 혼내기의 핵심적인 기능 중 하나는, 눈앞에서 발생한 바람직하지 않은 행동을 즉시 중단시키는 것, 즉 위기 개입에 있다고 볼 수 있습니다. 예를 들어, 위험한 행동을 즉각 멈추게 하거나 급박한 상황에서 빠른 행동 전환이 요구되는 경우, 혼내기는 간결하면서도 효과적인 개입 수단이 될 수 있습니다.

혼내기를 경험한 사람은 강한 스트레스를 통해 방어 모드에 진입하게 되며, 그 고통을 회피하기 위해 깊은 사고 없이 즉각적으로 반응하게 됩니다. 이러한 점에서 생명의 위협이 존재하거나 타인에게 해를 끼칠 가능성이 있는 상황에서는 혼내기가 일시적으로 유효하게 작용할 수 있습니다.

효과 ② 억제력

혼내기의 또 다른 효과는 억제력입니다. 혼나는 사람이 겪는 부정적인 감정 경험은 일종의 억제 자극으로 작용하여, 위험하거나 바람직하지 않은 행동을 사전에 방지하는 데 도움이 될 수 있습니다.

앞서 언급한 방어 모드의 핵심 기능 중 하나는, 위험한 장소나 행동을 회피하도록 학습시키는 것입니다.

예를 들어, 한 번 생명의 위협을 느낀 장소에는 다시 가지 않으려 하거나, 유사한 행동을 무의식적으로 피하려는 경향이 나타날 수 있습니다. 이러한 회피 행동 패턴은 생존 가능성을 높이는 데 중요한 역할을 합니다.

그러나 여기에서 주의할 점이 있습니다.

혼내기의 억제 효과는 단순히 혼내는 행위가 반복된다고 해서 자동적으로 형성되는 것이 아닙니다. 회피 행동이 학습되기 위해 중요한 것은 반복 횟수가 아니라, 해당 행동을 했을 때 부정적인 결과가 예상되는지의 여부입니다.

다시 말해 혼내기나 체벌이 억제 자극으로서 효과를 발휘하기 위해서는, 그 결과가 사전에 예고되어야 하며, 그에 따라 부정적인 결과가 따를 것이라는 인식이 선행되어야 합니다. 반대로 예고 없이 갑작스럽게 가해지는 벌이나 일관성 없이 적용되는 혼내기는 오히려 혼란을 유발하거나 관계의 신뢰를 무너뜨릴 수 있습니다.

## 혼내기가 효과적인 방법이라고 오해되는 이유

거듭 강조하듯이 혼내기는 본질적으로 부정적인 감정 체계를 자극하는 행위이며, 학습을 촉진하는 효과는 매우 제한적입니다.

이것이 바로 혼내기가 지닌 근본적인 한계입니다. 혼내기는 상대에게 적절한 행동을 가르치거나, 상황에 맞는 행동의 범위를 확장하는 데 도움을 주지 못합니다.

그렇다면 왜 여전히 많은 사람이 혼내기를 효과적인 방법으로 오해하는 것일까요? 가장 큰 이유는, 부정적인 감정 자극에 대한 반응이 매우 즉각적으로 나타나기 때문입니다. 혼나는 사람(예: 아이나 부하 직원)은 대부분 즉시 '투쟁 혹은 회피' 반응을 보입니다.

인간은 본능적으로 불쾌한 상황을 피하려는 경향을 지니며, 특히 권력의 불균형이 존재하는 관계(예: 상사와 부하 직원, 부모와 자녀)에서는 혼내는 사람에게 맞서기보다는 회피를 선택하는 경우가 많습니다. 물론 일부는 강하게 반항하거나 대립하기도 하지만, 이는 상대적으로 드문 예외에 해당합니다.

여기서 말하는 '회피'는 단순히 물리적으로 자리를 피하는 행위만을 의미하지 않습니다. 혼내는 사람의 기대에 맞춰 행동하는 것 역시 회피 반응의 한 형태로 해석할 수 있습니다.

가장 빠른 회피 전략 중 하나는, 지시된 행동을 즉시 수행해 보이는 것입니다. 혹은 미안한 태도를 취하거나, "죄송합니다. 다시는 안 하겠습니다"라고 말하는 것 역시 회피 전략의 일환이라 할 수 있습니다.

이러한 반응은 혼내는 사람으로 하여금 다음과 같은 착각을 불러일으키기 쉽습니다.

- 내가 한 말이 상대에게 명확히 전달되었다.
- 상대가 나의 의도를 이해하고 행동을 바꾸었다.

더 나아가 현장에 함께 있던 제삼자들(예: 다른 직원이나 아이들)에게는 혼내기가 효과적인 개입처럼 보이도록 하는 일종의 연출 효과가 발생합니다. 즉, 혼내는 사람은 상황을 통제하고 있다는 인상을 주변에 주게 됩니다.

이처럼 다양한 요소들이 복합적으로 작용하면서, 혼내기는 겉보기에 효과적이고 즉각적인 해결책처럼 인식됩니다. 결국 이는 일시적인 반응에 불과하며, 실질적인 학습이나 내면의 변화로 이어지지 않는다는 점을 분명히 인식해야 합니다.

## 왜 혼내기는 학습이나 성장으로 이어지지 않을까?

혼내는 사람의 입장에서는 상대가 자신의 행동을 반성하고 더 나은 방향으로 나아가기를 기대합니다. 그러나 혼나는 사람의 입장에서는 혼내기는 단지 고통을 회피하기 위한 반응에 불과합니다.

그 순간 혼나는 사람은 눈앞의 불쾌하고 위협적인 상황을 가능한 한 빨리 끝내기 위해 가장 즉각적이고 효과적으로 보이는 행동을 선택합니다.

그러나 이 과정에서 무엇이 잘못되었는지, 그리고 앞으로 어떻게 행동해야 하는지에 대한 진정한 학습은 이루어지지 않습니다.

예를 들어, 아이가 부주의하게 장난을 치다가 물건을 망가뜨리고 이로 인해 부모에게 심하게 혼나는 상황을 떠올려 봅시다. 이때 부모는 아이가 왜 혼나는지를 이해하고, 같은 행동을 반복하지 않기를 기대합니다. 즉, 혼나는 경험을 통해 아이가 어떤 배움을 얻게 되기를 바라는 것입니다.

부모가 기대하는 학습의 예는 다음과 같습니다.

• 깨지기 쉬운 물건은 조심스럽게 다루어야 한다.
• 장난을 쳐도 되는 상황과 그렇지 않은 상황을 구분해야 한다.

그러나 실제로는 전혀 다른 심리적 반응이 나타납니다.

혼나는 사람이 강한 부정적 감정을 경험하게 되면, 고통과 두려움이 의식을 압도하며, 상황의 원인을 돌아보고 이해하려는 사고 과정은 중단됩니다. 그 순간 머릿속은 이 불쾌한 상황을 어떻게든 피하려는 생각으로 가득 차게 됩니다.

이때 아이의 머릿속에는 다음과 같은 생각이 떠오를 수 있습니다.

- 어떻게든 이 불쾌한 시간이 빨리 끝났으면 좋겠다.
- 뭐라고 말해야 조용해질까?
- 제발 그냥 나를 내버려 두었으면 좋겠다.

즉, 아이는 '어떻게 행동했어야 하는가'를 배우는 것이 아니라, '혼날 때 어떻게 반응해야 덜 혼나는가'에 대한 임시방편적 대처 방법을 배우게 됩니다. 이는 혼내는 사람이 처음에 기대했던 학습의 방향과는 전혀 다른 결과입니다.

더 나아가 '더 이상 혼나고 싶지 않다'는 감정은 불리한 상황을 숨기거나, 때로는 거짓말로 모면하려는 행동으로 이어질 수 있습니다. 이러한 반응은 적절한 행동을 학습하는 과정과는 거리가 먼 결과입니다.

결국 혼내기를 통해 기대할 수 있는 교육적 효과는 극히 제한적입니다. 적절한 행동을 배우지 못한 사람은 동일하거나 유사한 잘못된 행동을 반복할 가능성이 높아지며, 이러한 상황이 누적되면 혼내는 일이 끝없이 반복되는 악순환으로 이어질 수 있습니다.

그 결과 혼내는 사람 또한 이 방식에서 벗어나지 못하고, 혼내기에 대한 일종의 심리적 의존 상태에 갇히게 될 수도 있습니다.

다음 장에서는 이 책의 핵심 주제이자, 혼내기와 관련된 가장 중요한 문제인 '혼내기에 대한 의존'에 대해 살펴보겠습니다.

# PART 2

# 혼내기에 의존하다

일부 사람들은 혼내기를 쉽게 멈추지 못하거나, 반복적으로 사용하는 경향을 보이기도 합니다. 그렇다면 이들은 왜 혼내기를 반복하게 되는 것일까요? 그리고 혼내기가 지속될수록 어떤 문제가 발생할 수 있을까요? 이제부터는 혼내기에 대한 의존과 그로 인해 발생하는 악순환의 구조에 대해 살펴보겠습니다.

# 3 혼내기를 멈추지 못하고
계속하는 사람들

대부분의 사람들은 문제가 발생했을 때 그에 상응하는 벌이나 질책이 따르는 것을 당연한 일로 받아들입니다. 즉, 잘못은 혼나는 사람에게 있으며, 혼내는 사람은 단지 필요한 역할을 수행하고 있다고 여겨지는 경우가 많습니다.

많은 경우, 혼내는 사람은 '나는 언제든 멈출 수 있지만 지금은 어쩔 수 없이 혼내고 있다'고 생각합니다. 그러나 실제로 혼내기를 멈추려 할 때, 그 일이 생각보다 간단하지 않다는 사실을 깨닫게 되는 경우가 적지 않습니다.

저는 혼내기라는 행동 자체가 일종의 의존성을 가질 수 있다고 생각합니다. 이는 일부 특별한 사람만의 문제가 아닙니다. 누구라도 특정한 환경이 조성되면, 혼내기에 쉽게 의존하게 될 가능성이 높습니다. 이러한 문제는 우리 사회에서 충분히 중요한 과제가 될 수 있음에도 불구하고, 지금까지는 크게 주목받지 못했습니다.

물론 앞서 살펴본 것처럼 위기 상황에서의 즉각적인 개입이나 억제력이 필요한 경우, 혼내기는 분명 효과를 발휘할 수 있습니다.

또한 현실적으로 사람을 혼내지 않고 양육하거나 지도하는 일은 결코 쉬운 일이 아닙니다.

그러나 여기서 중요한 점은 혼내기의 효과와 한계를 이해한 후 '선택적으로' 사용하는 것과, 혼내지 않고는 상황을 감당하지 못하는 상태에 빠지는 것은 전혀 다른 문제라는 사실입니다. 이는 가끔 술을 즐기는 사람과, 술 없이는 일상을 유지하기 어려운 사람 사이의 차이에 비유할 수 있습니다.

혼내기를 올바르게 활용하기 위해서는, 그 안에 내재된 의존 가능성과 중독 성향을 인식하고, 이를 예방하고 조절하려는 사고 방식과 태도가 필요합니다.

이제부터는 사람이 왜 혼내기를 멈추지 못하게 되는지, 그 심리적 구조와 반복되는 악순환의 체계에 대해 살펴보겠습니다.


## 혼내기로 인해 기분이 좋아지는 함정

왜 사람은 혼내기를 멈추지 못할까요? 그 이유는 의외로 단순합니다. 혼내는 행위가 혼내는 사람 자신에게 일종의 보상처럼 작용하기 때문입니다. 즉, 누군가를 혼내는 과정에서 혼내는 사람은 기분이 좋아지거나 일시적인 만족감을 느낄 수 있습니다.

## 자기 효능감이라는 보상

혼내기는 흔히 상대의 회피 반응을 유도하는 방식으로 작동합니다. 혼나는 사람은 고통에서 벗어나기 위해 신속하게 반응하려하며, 다음과 같은 행동을 보이곤 합니다.

예를 들어, 상대가 미안한 표정으로 "죄송합니다. 다시는 안 그러겠습니다"라고 말하거나, "알겠습니다. 바로 하겠습니다"라며 지시된 행동을 즉시 수행하는 경우가 이에 해당합니다.

이러한 반응이 나타나면, 혼내는 사람은 종종 다음과 같은 말을 하며 상황을 마무리합니다.

"반성하는 것 같으니 이번에는 넘어가겠다."

"알았으니 다음부터는 조심해라."

이와 같은 말은 혼내기를 중단할 수 있는 일종의 명분이 되어, 상황은 겉보기에 일단락된 듯 보입니다.

이제 혼내는 사람의 입장에서 이 상황을 들여다봅시다. 이때 혼내는 사람은 다음과 같은 감정을 느끼게 됩니다.

- 내 행동에 영향력이 있다.
- 내가 혼냈더니 상대가 즉각 반응했다.
- 내가 개입함으로써 변화를 이끌어냈다.

이처럼 자신의 행동이 직접적인 변화를 이끌어냈다고 느끼는 경험은 강한 만족감을 유발합니다. 이러한 '내 행동이 효과를 냈다'는 감각은 사람에게 쾌감과 유사한 정서적 경험을 제공하며, 향후에도 유사한 행동을 반복하도록 유도하는 강력한 보상으로 작용합니다.

그러나 여기서 중요한 문제는 혼내는 사람이 상대의 반응이 진심 어린 변화가 아니라 단순한 회피일 수 있다는 점을 인식하지 못하는 경우가 많다는 것입니다. 상대는 단지 고통을 피하기 위해 반응했을 뿐인데, 혼내는 사람은 이를 문제가 해결되었다는 신호로 오해하게 됩니다.

심리학에서는 이러한 감각을 '자기 효능감'이라고 부릅니다.

- 내 행동이 효과를 냈다.
- 내가 개입하자 문제가 해결되었다.
- 내가 나서서 상황을 개선시켰다.

이 자기 효능감은 혼내는 사람에게 무의식적인 정서적 보상을 제공하며, 혼내기를 반복하게 만드는 심리적 유인으로 작용합니다. 결국 혼내는 사람은 자신도 모르게 이 자기 효능감이라는 심리적 만족감에 이끌려, 혼내기를 반복하게 되는 심리적 함정에 빠질 가능성이 매우 높습니다.

## 처벌 욕구의 충족이라는 숨겨진 보상

사람이 혼내기를 멈추지 못하게 만드는 또 하나의 강력한 보상이 있습니다. 바로 '처벌 욕구의 충족'입니다.

앞서 살펴보았듯이 처벌 행동은 뇌의 보상 회로를 활성화합니다. 이러한 메커니즘은 공식적인 제재뿐만 아니라, 혼내기처럼 부정적인 감정을 표출하는 행위에서도 유사하게 작용할 가능성이 큽니다. 즉, 누군가의 잘못을 인식하는 순간, 사람은 본능적으로 그를 질책하거나 처벌하고자 하는 강한 충동을 느끼게 됩니다.

혼내는 사람은 대부분, 혼나는 사람이 문제를 일으켰다고 확신하며, 다음과 같은 방식으로 자신의 행동을 합리화합니다.

"혼나는 데는 이유가 있다."

"이것은 잘못된 행동에 대한 정당한 반응이다."

결국 혼내기에는 언제나 처벌 욕구의 충족이라는 숨겨진 보상이 뒤따르게 됩니다. 이 점은 혼내기와 건강한 관계를 맺기 위해 반드시 이해해야 할 핵심적인 심리 작용입니다. 그리고 이 처벌 욕구에서 비롯되는 쾌감은 결코 가볍게 넘길 수 있는 수준이 아닙니다. 오히려 그것은 시대를 초월하여 인간의 감정과 행동에 깊은 영향을 미쳐온 본능적 정서라 할 수 있습니다.

예를 들어, 권선징악 구조의 고전적인 이야기는 시대와 문화를 초월하여 언제나 대중의 관심을 끌어왔습니다. 이야기 속 악인은 철저히 악하게 묘사되며, 독자나 관객은 자연스럽게 '그는 벌을 받아 마땅하다'는 감정을 갖게 됩니다. 그리고 이야기의 마지막, 악인이 응당한 처벌을 받는 순간, 우리는 정서적 해소감과 일종의 쾌감을 경험합니다. 이러한 구조는 인간 내면의 처벌 욕구가 충족되는 순간을 클라이맥스로 삼는 대표적인 서사 방식이라 할 수 있습니다.

이와 같은 감정은 단지 허구의 이야기 속에만 머물지 않습니다. 역사 속 실제 사례에서도 그 흔적은 매우 뚜렷하게 나타납니다.

예를 들어, 고대 로마에서는 범죄자를 공개적으로 처형하거나 맹수와 싸우게 하는 장면을 시민들이 관람했습니다. 이는 단순한 형벌 행위가 아니라 대중 오락의 일환이었으며, 이를 위해 콜로세움과 같은 거대한 경기장까지 건설되기도 했습니다.

잔혹함의 형태는 시대에 따라 달라졌을지 모르나, 처벌을 보며 쾌감을 느끼는 심리는 과거와 현재를 관통하는 인간의 본능 중 하나입니다. 결국 우리는 오늘날에도, 형태만 달라졌을 뿐 여전히 현대판 콜로세움 속에서 살아가고 있습니다.

처벌 욕구는 인간이 지닌 본능적인 감정 중 하나입니다. 이 욕구를 바탕으로 한 오락물, 대중문화 그리고 다양한 사회적 현상은 오늘날에도 형태를 달리하며 끊임없이 반복되고 있습니다.

## 혼내기의 강화와 만성화

인간을 포함한 대부분의 동물은, 어떤 행동 직후에 보상을 경험할 경우, 그 행동을 더 자주 반복하는 경향이 있습니다. 이러한 현상을 심리학에서는 '강화 학습'이라고 부릅니다. 즉, 특정 행동이 보상과 연결될 때, 사람은 그 행동을 무의식적으로 반복하도록 학습하게 되는 것입니다.

강화 학습의 원리는 단순해 보이지만 실제로는 우리의 행동 패턴에 깊숙이 영향을 미치는 강력한 심리적 메커니즘입니다. 많은 사람은 '나는 보상에 쉽게 휘둘리지 않는다'고 생각하지만, 대부분의 강화는 무의식적인 수준에서 작동합니다. 그 영향력을 자각하지 못한 채, 우리는 어느새 행동을 바꾸고 있는 것입니다.

예를 들어, 대화 중 상대방의 끄덕임 빈도에 따라 화자의 발언량이 달라진다는 연구 결과가 있습니다.

- 상대방이 자주 끄덕일 경우 → 화자의 발언량 증가
- 상대방이 거의 끄덕이지 않을 경우 → 화자의 발언량 감소

이 경우 듣는 사람의 *끄덕임*은 화자에게 일종의 보상으로 작용합니다. 흥미로운 점은 대부분의 화자가 자신이 이러한 영향을 받고 있다는 사실을 자각하지 못한다는 것입니다. 그러나 실제로 발언량을 객관적으로 측정해 보면, 상대의 미세한 반응에 따라 말수가 뚜렷하게 달라지는 경향이 관찰됩니다. 이처럼 작은 신호 하나조차 강화 자극이 되어, 행동 변화를 유도할 수 있는 것입니다.

이제 다시 혼내기로 돌아가 봅시다. 사람이 누군가를 혼낼 때, 그 과정에서 자기 효능감이나 처벌 욕구의 충족과 같은 내적 보상을 얻게 됩니다. 이러한 보상이 반복되면, 혼내는 행동 자체가 강화되어 무의식적으로 더 자주 반복되기 시작합니다. 그리고 만약 혼내기가 일종의 정서적 쾌감으로 이어진다면, 문제가 실제로 해결되지 않더라도 혼내기를 멈추지 못하게 되는 악순환에 빠질 수 있습니다.

예를 들어, 아이에게 스스로 방을 정리하는 습관을 길러주고 싶은 부모를 생각해 봅시다.

- 아이가 방을 정리하지 않으면 부모는 혼냅니다.
- 그러나 혼내는 것으로는 아이의 자발적인 학습이 촉진되지 않으며, 문제도 해결되지 않습니다.
- 아이는 혼나는 순간에만 억지로 방을 정리할 뿐, 스스로

하려는 태도는 형성되지 않습니다.

그럼에도 불구하고 부모는 계속해서 혼내는 행동을 반복합니다. 그 결과 혼내기는 점점 장기화되고 만성화되며, 어느 순간부터는 문제 해결 수단이 아니라 하나의 습관처럼 굳어지게 됩니다.

결국 혼내기는 본래의 목적에서 점점 멀어지게 되며, 감정적 반응이나 자동화된 패턴처럼 작동하게 됩니다. 이러한 상황이 지속되면, 혼내기를 멈추기 어려운 상태, 즉 의존과 중독의 경계에 놓이게 될 위험도 존재합니다.

# 혼내기가 점점 심화되는
# 이유는 무엇일까?

혼내기가 장기화되면, 혼내는 사람과 혼나는 사람 모두 그 상황에 점차 익숙해지게 됩니다. 문제는 이러한 익숙함 자체가 오히려 혼내기를 더욱 심화시키는 요인으로 작용할 수 있다는 점입니다.

## 익숙해짐이 상황을 악화시킨다

혼나는 사람이 혼내기에 익숙해진다는 것은, 고통을 수반한 자극을 장기간 반복적으로 경험한다는 뜻입니다. 그 자극은 고함일 수도 있고, 신랄한 말일 수도 있으며, 형태는 다르더라도 비슷한 방식의 혼내기가 지속적으로 반복됩니다.

이처럼 동일한 자극이 반복될 때, 심리학에서는 이를 '습관화'라고 부릅니다. 습관화란 특정 자극이 반복될수록 그 자극에 대한 신체적·정서적 반응이 점차 약해지는 현상을 말합니다.

혼내기에 익숙해진 혼나는 사람은 시간이 지날수록 동일한 혼내기에 무감각해지게 됩니다. 예전에는 혼나자마자 즉각 반응하거나 행동을 고치던 사람이, 이제는 거의 반응하지 않게 되는 것입니다. 예를 들어,

- 혼내도 방을 정리하지 않고,
- 주의를 줘도 행동을 멈추지 않으며,
- 미안한 표정조차 짓지 않게 됩니다.

혼내는 빈도가 늘어날수록 오히려 그 효과는 점차 줄어드는 '역효과'가 나타납니다. 이러한 변화는 단지 심리적 차원에 그치지 않으며, 신체의 생리적 반응에서도 관찰되는 현상입니다.

이 변화는 혼내는 사람에게도 직접적인 영향을 미칩니다.

처음에는 상대의 즉각적인 반응을 통해 자기 효능감이나 정서적 해소감을 얻지만, 그 보상이 점차 사라지면 더 강한 자극을 사용해야 한다는 충동이 생겨납니다. 결국 점점 더 과격한 언어, 높은 목소리, 공격적인 태도가 사용되기 시작합니다. 예전에는 단순한 지적만으로 충분했던 상황이, 이제는 고함을 지르거나 위협적인 말투를 사용해야만 상대의 반응을 끌어낼 수 있다고 착각하게 되는 것입니다. 이러한 경험이 반복되면, 혼내는 사람은 다음과 같은 인식을 갖게 됩니다.

"더 엄하게 혼내야 효과가 있구나."

"너무 관대하게 대해주면 안 되겠구나."

이러한 인식의 변화는 혼내기를 더욱 강화하고 심화시키는 방향으로 작용합니다. 그리고 그 악순환의 중심에는 습관화라는 특성이 자리하고 있습니다.

습관화는 일반적으로 약하거나 중간 정도의 자극에서 더 쉽게 발생합니다. 반면 생명에 위협을 줄 만큼 강한 자극에 대해서는 신체가 지속적으로 강하게 반응하며, 습관화가 잘 일어나지 않습니다. 즉, 일상적인 수준의 혼내기는 시간이 지날수록 자연스럽게 효과가 약해지며, 혼나는 사람은 점차 무뎌지고 반응하지 않게 되는 것입니다. 이는 단순한 심리적 회피가 아니라, 불필요한 에너지 소모를 줄이기 위한 생물학적 적응 반응이기도 합니다.

결국 혼내는 사람은 자극의 강도를 점점 높이게 되고, 혼나는 사람은 점점 더 무반응해지며, 그 사이에서 감정적 충돌과 신뢰의 붕괴가 누적됩니다. 이러한 흐름 속에서 혼내기는 더 이상 문제를 해결하기 위한 의도적 행위가 아니라, 반사적 감정 반응이자 자동화된 습관처럼 작동하게 됩니다. 혼내는 방식은 점차 과격해지고, 감정적으로 더욱 소모적이 되어, 양측 모두에게 지속적인 스트레스와 정서적 상처를 남기게 됩니다. 결국 혼내기는 벗어나기 어려운 악순환의 고리에 갇히게 되는 것입니다.

## 환상의 성공 체험

강한 자극은 때로 예상치 못한 부작용을 초래합니다.

특히 자극의 강도가 지나치게 높을 경우, 이후에는 아주 약한 자극에도 과민하게 반응하는 변화가 나타날 수 있습니다. 심리학에서는 이러한 현상을 '예민화'라고 부릅니다.

예를 들어, 큰 지진을 겪은 사람이 이전에는 인식하지 못했던 미세한 진동에도 불안과 공포를 느끼며 과도하게 반응하는 경우가 있습니다. 이처럼 강한 위기 상황을 경험하면, 관련된 모든 자극에 대해 신경 체계가 과민하게 반응하도록 재조정되는 것입니다. 이는 신경계 차원에서 위기 대응 시스템이 과도하게 활성화되는 과정으로 이해할 수 있습니다.

이러한 예민화 현상은 혼내기 상황에서도 유사하게 나타날 수 있습니다. 예를 들어, 한 번의 강한 질책으로 인해 상대가 울음을 터뜨릴 정도의 정서적 압박을 경험한 경우, 그 이후에는 가벼운 잔소리나 지적에도 과도하게 위축되거나 감정적으로 반응할 수 있습니다.

즉, 초기의 강한 혼내기가 신경 체계를 지나치게 자극한 결과, 이후의 훨씬 약한 자극조차도 큰 위협처럼 받아들여지는 과민 반응이 나타나는 것입니다. 이 역시 예민화의 한 형태로 이해할 수 있습니다.

문제는 혼내는 사람의 입장에서는 이러한 반응을 훈육의 효과로 착각할 수 있다는 점입니다.

"한 번 강하게 혼낸 이후 이제는 말만 해도 바로 반응한다."

"이제는 겁먹은 눈빛만 봐도 알아듣는다."

이처럼 상대의 위축된 반응을 자신의 지도력이나 훈육의 효과로 오해하는 경우, 그 반응은 겉보기에 성공처럼 보일 수 있습니다.

그러나 실제로는 그 반응이 과도하게 자극된 신경 체계에서 비롯된 방어적 반응일 가능성이 큽니다. 즉, 상대는 과도한 스트레스를 받으며 위협을 회피하려는 신호를 보내는 것일 뿐, 내면의 자발적인 변화나 긍정적인 학습과는 거리가 먼 반응입니다.

그럼에도 불구하고 혼내는 사람은 이를 교육의 성과 혹은 자신의 영향력에 대한 증거로 오해하는 경우가 많습니다.

이러한 환상의 성공 체험은 혼내기를 정당화하고 더욱 강화시키는 계기가 되며, 상대와의 관계를 왜곡하고, 결국 혼내기를 반복하게 만드는 심리적 위험 요소로 작용할 수 있습니다.

## 장기화되는 혼내기의 폐해

이제 다시 혼나는 사람의 시점으로 돌아가 보겠습니다.

혼내기에 의존하게 된다는 것은, 결국 장기간에 걸쳐 만성적인 정서적 고통을 경험하는 사람이 생긴다는 뜻입니다.

이러한 강한 부정적 감정 경험은 기억에 깊이 각인되며, 시간이 지나도 쉽게 사라지지 않는 특성을 가집니다. 즉, 그 순간의 고통으로 끝나는 문제가 아니라, 지속적인 정서적 흔적을 남기는 현상이라는 것입니다.

이러한 반응은 생물이 생존을 위해 발달시킨 방어 체계로도 설명할 수 있습니다. 예를 들어, 작은 동물이 육식 동물의 습격을 받아 가까스로 목숨을 건졌다고 가정해 봅시다. 이 동물은 그때의 경험을 오랫동안 기억해야만 합니다. 더 구체적으로는, 어디에서, 어떻게, 어떤 상황에서 위험이 발생했는지를 시간이 지나도 또렷하게 떠올릴 수 있어야 합니다. 그렇지 않으면 비슷한 상황에서 같은 실수를 반복하게 되고, 결국 생명을 잃을 위험에 처하게 될 수 있기 때문입니다.

이처럼 생존과 직결된 위협일수록 더 강하게 기억에 각인되도록 설계된 생물학적 메커니즘이 작동합니다.

혼내기도 마찬가지입니다.

강한 정서적 고통은 쉽게 무뎌지지 않습니다. 혼나는 순간이 지나도 그 기억은 마음 깊은 곳에 오래도록 남아, 오랜 시간 동안 사람을 따라다닐 수 있습니다. 겉으로는 무뎌진 듯 보일 수 있지만, 실제로는 몸과 마음이 지속적인 스트레스에 노출된 상태일 가능성이 높습니다. 이는 매우 위험한 형태의 익숙해짐입니다.

이처럼 장기적으로 지속되는 스트레스는 다음과 같은 심리적 문제로 이어질 수 있습니다.

- 우울증
- 불안 장애
- 외상 후 스트레스 장애(PTSD)

이러한 질환은 단순한 감정 문제에 그치지 않습니다. 삶의 전반적인 기능, 대인 관계, 자존감, 자아 정체감에까지 심각한 손상을 초래할 수 있습니다.

결국 혼내기는 단순히 순간적인 고통을 주는 행위로 끝나지 않습니다. 혼내기에 의존하는 환경에서는, 혼나는 사람의 삶 전체에 걸쳐 장기적이고도 깊은 부정적 영향이 미칠 가능성이 매우 큽니다. 혼내기의 문제는 일시적인 불쾌감의 차원을 넘어, 지속적인 심리적 부담과 정신적 손상을 초래할 수 있다는 점에서 그 심각성이 존재합니다. 따라서 혼내기는 더 이상 단순한 교육 방식이나 훈육 수단으로 여겨져서는 안 됩니다. 그 부작용과 장기적 폐해를 충분히 인식하고, 신중하고 절제된 방식으로 접근해야 할 중요한 사회적 과제입니다.

# 4 혼내지 않고는 못 배기는 것은 일종의 의존증에 가깝다

## 의존증이 생기는 체계

지금까지 우리는, 혼내기가 어떻게 쾌감을 유발하고 그로 인해 의존이 형성되는지를 살펴보았습니다. 그렇다면 과연 쾌감만이 혼내기에 대한 의존을 유발하는 주요 원인일까요?

예를 들어, 다음과 같은 질문이 떠오를 수 있습니다.

- 혼내기가 정말 그렇게 강한 쾌감을 유발할 수 있는가?
- 의존이라는 표현은 다소 과장된 해석은 아닐까?

실제로 혼내기는 사람의 보상 회로를 자극하여 일시적인 만족감을 줄 수 있습니다. 그러나 그 쾌감만으로 혼내기를 반복하게 된다고 단정 짓기는 어렵습니다.

중요한 점은 혼내기에 대한 의존이 단순히 쾌감 때문만은 아니라는 사실입니다. 이 현상을 더 깊이 이해하기 위해서는, 의존이 실제로 어떻게 작동하는가에 대해 먼저 살펴볼 필요가 있습니다.

# 의존증(중독)은 무엇일까?

그렇다면 의존증이란 무엇일까요?

뇌·신경과학 전문가들이 편찬한 뇌과학 사전에서는 의존증을 다음과 같이 정의하고 있습니다.

쾌감을 불러일으키는 물질의 섭취나 행위를 반복한 결과,

이를 갈망하는 참을 수 없는 욕구가 생기며, 그것을 추구하지

않으면 불쾌한 증상이 나타나는 상태

이 정의를 통해 의존증의 본질을 이해하는 데 중요한 세 가지 핵심 요소를 도출할 수 있습니다.

1. 쾌감을 유발하는 자극이 반복될 것

2. 그에 대한 강한 갈망이 형성될 것

3. 해당 자극이 차단될 경우 고통이나 불쾌한 증상이 나타날 것

많은 사람은 '의존증'이라는 단어를 들으면 먼저 마약, 알코올, 각성제, 니코틴 등과 같은 '물질 의존'을 떠올립니다.

실제로 이러한 물질 의존은 오랫동안 의존증 연구의 중심 분야로

다뤄져 왔습니다.

그러나 최근에는 도박, 쇼핑, 성행위, 절도, 게임처럼 물질 섭취를 수반하지 않는 반복적 행위 역시 '행위 중독'으로 분류되고 있습니다. 즉, 특정 물질을 섭취하지 않더라도, 반복적인 행동 자체만으로도 의존 상태가 형성될 수 있다는 것입니다.

이 정의에서 또 하나 주목해야 할 점은, 의존증이 단순한 습관이나 성격적 결함이 아니라 정신적 질병으로 간주된다는 사실입니다. 예를 들어, 도박 중독은 『DSM-5 정신질환 진단 통계 매뉴얼』에 공식 질병으로 등재되어 있으며, 게임 중독(게임 장애)은 세계보건기구(WHO)의 『ICD-11 국제질병분류』에서 정신질환의 하나로 분류되었습니다. 이러한 결정은 전 세계적으로도 사회적 반향을 불러일으킨 바 있습니다.

과거에는 의존증을 의지가 약하거나 자제력이 부족한 사람에게 나타나는 문제로 오해하는 경우가 많았습니다.

그러나 최근 연구는 환경과 조건이 갖춰질 경우 누구나 의존 상태에 빠질 수 있는 가능성이 있음을 보여주고 있습니다. 즉, 의존증은 특정한 성격이나 나약함 때문이 아니라, 일정한 조건이 충족될 때 누구에게나 발생할 수 있는 정신적 질병입니다.

## 강한 쾌감만이 원인은 아니다

의존증이 발생하는 원리를 보다 깊이 이해하기 위해 이 글에서는 가장 대표적인 사례인 '약물 의존'을 중심으로 살펴보고자 합니다.

과거에는 약물 의존이 지나치게 강한 쾌감을 유발하는 물질의 섭취 결과로 발생한다고 여겨졌습니다. 즉, 불법 약물을 단 한 번이라도 사용하면 뇌에 변화가 생기고, 자제력을 잃게 된다는 인식이 사회 전반에 널리 퍼져 있었습니다.

이러한 인식을 반영한 대표적인 예방 메시지가 바로 '절대 안 돼'라는 슬로건입니다. 이 슬로건은 약물 의존을 피하기 위해서는 처음부터 절대 손대지 않아야 하며, 한 번이라도 사용하면 삶이 파괴된다는 강력한 경고의 의미를 담고 있습니다.

그러나 이러한 메시지는 의존증의 실상을 충분히 반영하지 못한다는 비판도 제기되고 있습니다. 오히려 이처럼 지나치게 단순화된 경고가 사실로 받아들여지면서, 약물 사용자에 대한 사회적 오해와 낙인을 확산시키는 데 일조해 왔다는 지적도 있습니다.

그럼에도 불구하고 공교육을 비롯한 여러 교육 현장에서는 여전히 약물 의존을 단지 '금지 행위'로 간주하고, 도덕적 판단의 문제로 접근하는 방식이 지속되고 있습니다.

반면 최근 들어서는 의존증을 단순히 강한 쾌락에 의해 발생하는 현상으로만 보아서는 안 된다는 관점이 점차 주목받고 있습니다. 보다 구체적으로 말하자면 위험한 약물을 한두 번 사용했다고 해서 누구나 의존 상태에 빠지는 것은 아닙니다.

인간의 뇌는 쾌락 자극에 빠르게 익숙해지며, 동일 자극이 반복될수록 점차 둔감해지는 경향이 있다는 사실은 잘 알려져 있습니다. 즉, 초기에는 강렬하게 느껴졌던 자극도 시간이 지남에 따라 점차 쾌감의 강도가 약해지며, 동일한 효과를 얻기 위해 더 강한 자극을 필요로 하게 되는 것입니다.

물론 단 한 번의 사용만으로도 의존 상태로 이어지는 경우가 전혀 없는 것은 아닙니다. 그러나 이러한 사례는 상대적으로 예외적인 경우에 해당합니다.

결국 의존증은 단지 쾌락에 대한 민감성이나 자제력 부족이라는 개인적 특성만으로 설명될 수 있는 문제가 아닙니다. 오히려 생물학적 요인, 심리적 상태, 사회적 환경 등 다양한 요소가 복합적으로 작용한 결과로 이해하는 것이 보다 타당합니다.

## 근본에는 현실에서 벗어나고자 하는 일시적인 회피가 자리 잡고 있다

그렇다면 사람은 어떤 조건에서 특정한 쾌락을 멈추지 못하게 되는 것일까요? 현재 이 질문에 대한 가장 유력한 설명 중 하나가 바로 '자기 치료 가설'입니다.

이 가설에 따르면 사람은 무의식적으로 내면의 고통을 완화해 주는 자극에 의존하는 경향을 보입니다. 다시 말해 의존증은 어떤 형태로든 심리적 고통이나 정서적 결핍을 경험하고 있을 때 더 쉽게 발생한다는 것입니다.

예를 들어, 깊은 우울감이나 공허함을 느끼는 사람은 일시적인 기분 고양을 유발하는 각성제에, 만성적인 불안과 긴장을 겪는 사람은 진정 효과를 주는 알코올에, 강한 분노나 정서적 불안을 지닌 사람은 진정제나 진통 효과가 있는 약물에 의존할 가능성이 높습니다.

이와 같은 반응은 내면의 고통을 외부 자극으로 통제하려는 무의식적 시도로 이해할 수 있으며, 그러한 맥락에서 자기 치료 가설이라는 이름이 붙게 되었습니다. 결국 의존의 이면에는 견디기 어려운 현실적 고통이 자리하고 있는 경우가 많습니다.

그리고 그 현실을 일시적으로 잊게 해주는 자극, 즉 쾌감이나 감각적 만족은 사람을 의존 상태로 이끄는 강력한 요인이 됩니다.

이러한 관점은 앞서 살펴본 뇌·신경과학의 발견과도 깊이 연결되어 있습니다. 인간이 고통에서 벗어나는 순간, 뇌의 보상 회로에서는 도파민 뉴런이 활성화되며, 이 과정은 쾌락을 기대하거나 실제로 보상을 경험할 때와 유사한 방식으로 작동합니다.

고통을 줄여주는 자극이 쾌감을 유발하는 경우, 고통 회피와 쾌락이 동시에 보상으로 작용하면서, 뇌의 보상 회로가 더욱 강하게 자극되고, 그 경험은 반복될 가능성이 상당히 높습니다.

이는 생존을 위협하는 고통을 줄이기 위해, 뇌가 완화 자극을 강하게 기억하고 반복적으로 추구하도록 유도하는 생물학적 반응으로 설명할 수 있습니다. 바로 이 점이 의존 형성의 핵심적인 출발점이라 할 수 있습니다. 또한 이러한 메커니즘은 약물이나 특정 물질에만 국한되지 않습니다. 이러한 원리는 특정한 행동에도 동일하게 적용됩니다. 예를 들어, 혼내기와 같은 행동 역시 고통으로부터의 일시적 해소감이나 통제감을 제공함으로써 의존적 반복을 초래할 수 있습니다.

# 혼내기에 대한 의존과 의존증의 유사점

## 혼내는 사람의 욕구를 충족시키기 위한 혼내기

혼내는 행위 자체를 고통에서 벗어나기 위한 일종의 쾌감 추구 방식으로 본다면, 혼내지 않고는 견디기 어려운 상태는 일종의 의존 증상이 형성되는 과정과 매우 유사하다고 볼 수 있습니다. 이러한 관점에서 보면 혼내기에 대한 의존의 출발점은 혼나는 사람이 아니라, 오히려 혼내는 사람의 내면적 욕구에서 비롯된 것이라고 이해할 수 있습니다. 그 내면적 욕구의 원인은 다음과 같이 다양할 수 있습니다.

- 반복되는 좌절이나 잘 풀리지 않는 현실에 대한 짜증
- 자신에 대한 낮은 자존감
- 타인과의 관계에서 느끼는 열등감
- 만성적인 피로 혹은 과도한 스트레스
- 해결되지 않은 심리적 상처나 건강 문제

무엇보다 주목해야 할 점은 혼내는 사람 역시 스스로 감당하기 어려운 현실을 안고 있을 가능성이 높다는 사실입니다. 이러한 상황에서는 문제의 원인이 실제와 달리 혼나는 사람에게 잘못 전가되기 쉽고, 자연스럽게 비난의 시선이 그 사람에게 집중됩니다.

혼내는 사람의 입장에서 보면, 누군가가 올바르지 않은 상태에 있거나 해서는 안 될 행동을 하고 있는 모습은 강한 위화감과 불쾌감을 유발합니다. 이때 혼내는 사람은 쉽게 '내가 옳고 상대는 틀렸다'는 이분법적 인식에 빠지게 되며, 자신이 무엇이 옳고 그른지를 판단할 권한을 가진 존재라고 믿는 경향을 보이게 됩니다.

그 결과 자신의 가치관이 받아들여지지 않거나 무시당한다고 느끼게 되면, 혼내는 사람은 깊은 불편함과 감정적 분노를 경험하게 되며, 결국 상대를 '제자리로 되돌려야 한다'는 강한 심리적 충동에 휩싸이게 됩니다. 이러한 감정이 누적된 상태에서 혼내는 행위는 즉각적인 해소 수단으로 작용합니다. 혼내는 사람은 상대를 질책함으로써 상황이 정리되었다는 심리적 안정감을 느끼며, 그 과정에서 강한 정서적 충족감을 경험하게 되는 것입니다.

이러한 감정은 단순한 쾌락이라기보다는, 혼란스러운 현실이 일시적으로 정돈되었다는 안도감에 더 가깝습니다. 즉, '올바르지 않거나 이상했던 상태가 정상으로 회복되었다'는 감각입니다. 이 순간 혼내는 사람의 뇌 보상 회로가 활성화되고 도파민이 분비될 가능성이 높습니다. 그리고 이 경험은 혼내는 사람이 원래 느끼던 고통이나 불안을 일시적으로 잊게 만듭니다.

결국 혼내기는 개인의 내면에 존재하는 혼란과 감정적 고통을 해소하기 위한 즉각적인 대응 방식으로 작동하며, 이 경험이 반복될수록, 혼내는 행위는 점차 심리적으로 강화되며 의존적인 성격을 띠게 됩니다.


## 혼내는 사람은 자신의 고통을 완화하기 위해 점점 더 혼내기에 의존하게 된다

그러나 혼내는 사람이 혼내기를 통해 얻는 충족감은 오래 지속되지 않습니다. 그 이유는 혼내기라는 행위 자체가 근본적인 문제를 해결할 수 있는 힘을 지니고 있지 않기 때문입니다. 상대가 일시적으로 변화한 것처럼 보일 수 있으나 그 효과는 대부분 오래가지 않습니다. 이로 인해 혼내는 사람이 잠시 느꼈던 해방감은 단지 일시적인 감정에 불과하며, 곧 이전에 내재되어 있던 고통이 다시—오히려 더 강하게—표면화되기 시작합니다.

특히 한때라도 고통에서 벗어났던 경험이 있다면, 그 이후 다시 마주하는 고통은 더욱 예민하고 참기 어렵게 다가옵니다. 고통이 실은 자신의 내면에서 비롯된 것임에도 불구하고, 시선은 여전히 상대에게 고정되곤 합니다. 이는 자신이 느끼는 분노와 짜증의 원인을 외부, 즉 눈앞의 타인에게서 비롯된 것이라고 오인하기 쉬운 심리적 경향 때문입니다.

"이렇게 여러 번 말했는데 왜 아직도 이해하지 못하는 것일까?"

"왜 계속해서 같은 행동을 반복하는 것일까?"

이러한 생각이 반복되기 시작하면 그 감정은 점차 더 강한 비난이나 제재를 가해야 한다는 충동으로 이어집니다. 이 시점에 이르게 되면 혼내기는 더 이상 상대를 변화시키기 위한 행위가 아닙니다. 오히려 그것은 혼내는 사람 자신의 불편한 감정과 억눌린 욕구를 해소하기 위한 수단으로 변질된 것이라 볼 수 있습니다.

결국 혼내는 사람은 스스로 편안해지기 위해 실질적인 효과가 없는 혼내기를 반복하는 악순환에 빠지게 됩니다. 시간이 지남에 따라 혼내기의 강도와 빈도는 점차 증가하고, 혼내는 사람은 더 강한 자극과 격한 감정 표현으로 상대를 통제하려 들게 됩니다. 그러나 이러한 시도는 실제 문제를 해결하지 못할 뿐만 아니라 결국 감정적 고립과 반복되는 좌절만을 남기게 됩니다.

# 5 학대·가정 폭력·괴롭힘과의 사이에 있는 낮고 얇은 벽

혼내기에 지나치게 의존하게 되면, 상대에게 부정적인 감정을 전달하는 행동을 점차 멈추기 어려워집니다. 이러한 측면에서 볼 때, 혼내기에 대한 의존은 아동 학대나 가정 폭력과 같은 심각한 사회적 문제와 밀접한 관련성을 가집니다. 나아가 직장 내 괴롭힘 역시 혼내기에 대한 의존과 깊이 연결되어 있을 가능성이 큽니다.

이제부터는 혼내기가 인간관계 속에서 어떠한 방식으로 왜곡되고 확대되는지, 그리고 그 왜곡이 구체적인 사회적 문제로 어떻게 이어지는지를 보다 자세히 살펴보고자 합니다.

## 학대의 배경에 있는 혼내기에 대한 의존

가정은 혼내기가 자주 발생할 수 있을 뿐만 아니라, 혼내기에 쉽게 의존하게 만드는 환경적 특성을 지니고 있습니다. 이러한 특성은 일상적인 혼내기가 어떻게 학대나 폭력으로 전이될 수 있는지를 이해하는 데 있어 매우 중요한 요소로 작용합니다.

이미 여러 차례 언급했듯이, 가정의 가장 큰 특징은 바로 '폐쇄성'입니다. 가정 내에서 일어나는 일은 외부에서 쉽게 감지하거나 개입하기 어렵기 때문에, 문제 상황이 은밀하게 반복되고 누적되기 쉽습니다. 또한 가정은 일부 성인이 절대적인 권한을 행사하며, 상황을 규정하고 통제하기 쉬운 구조로 되어 있는 경우가 많습니다.

이러한 구조 속에서는 강한 부정적 감정을 통해 어른이 아이를 지배하는 관계가 형성될 수 있으며, 이때 주로 사용되는 수단은 참기 어려운 고통이나 강렬한 공포입니다. 혼내는 사람은 이러한 자극을 통해 아이에게서 자신이 원하는 바람직한 행동을 잠시나마 끌어내고자 합니다.

그렇다면 어른은 어떤 방식으로 아이에게 고통이나 공포를 주게 되는 것일까요? 다음은 그 대표적인 예시입니다.

- 아이가 소중히 여기는 물건을 부당하게 빼앗는 행위는, 특히 그 장면이 아이의 눈앞에서 이루어질 경우 심리적 충격과 공포를 증폭시킵니다.
- 형제나 친구를 의도적으로 칭찬하며 "왜 너는 못하니?"라고 비교하는 발언은 강한 열등감과 수치심을 유발합니다.
- "너는 못난 아이야"와 같은 표현은 아이로 하여금 자신의 존재를 부정적으로 인식하게 만들며, 자존감을 근본적으로 훼

손합니다.

- "태어나지 않았으면 좋았을 텐데"라는 말은 아이의 존재 자체를 부정하는 언어 폭력으로, 생존에 대한 위협감을 심어줄 수 있습니다.
- 여기에 직접적인 신체적 폭력이 더해질 경우, 신체적 고통뿐 아니라 극심한 공포가 함께 수반됩니다.

이러한 행동은 모두 혼내기에 대한 의존이 심화된 결과로 나타나는 극단적인 형태이며, 현재의 기준으로도 명백한 아동 학대 또는 가족 폭력에 해당합니다.

즉, 혼내기에 의존하는 행위가 반복되고 강화될수록 그 정서적·행동적 경계는 점차 흐려지게 되며, 결국에는 학대와 폭력으로 이어질 위험성이 매우 높다고 할 수 있습니다.


## 혼내기와 훈육의 연관성

어른이 부정적인 감정을 이용해 아이를 통제하거나 지배하려는 태도는, 훈육을 곧 혼내기나 체벌과 동일시하는 사고방식을 강화하는 경향이 있습니다. 이러한 인식은 상황을 오히려 악화시킬 수 있습니다. 그 이유는 '아이의 교육을 위한 것'이라는 명분이 어른의 행동을 쉽게 정당화하기 때문입니다. 실제로 '혼내지 않는 것은 훈육을 포기하는 것이다', '훈육을 위해서는 때때로 체벌이 필요하다'는 인식은 여전히 우리 사회 곳곳에 남아 있습니다.

예를 들어, 2023년 보건복지부가 발표한 아동종합실태조사에 따르면, 18세 미만 자녀를 양육하는 5,753가구 중 10.0%가 자녀에게 신체적 체벌을 가한 경험이 있다고 응답했습니다. 이는 2018년의 27.7%에 비해 크게 감소한 수치입니다. 정서적 체벌의 경험률 또한 같은 조사에서 38.6%에서 30.6%로 줄어든 것으로 나타났습니다. 이와 같은 수치는 체벌에 대한 사회적 인식이 점차 변화하고 있으며, 실제 사례 역시 줄어들고 있음을 보여줍니다.

그럼에도 불구하고 일부 가정에서는 여전히 체벌을 훈육의 필수 수단으로 인식하고 있으며, 이로 인해 강한 혼내기 또한 정당화하거나 불가피한 것으로 받아들여질 가능성이 존재합니다. 즉, 훈육과 혼내기, 체벌을 동일시하는 사고방식은 여전히 우리 사회 전반에 깊이 뿌리내리고 있다고 볼 수 있습니다.

그러나 애초에 '혼내지 않으면 훈육이 불가능하다'는 생각 자체가 잘못된 전제입니다. 그 이유는 분명합니다. 혼내거나 벌을 주지 않아도 훈육은 충분히 가능하기 때문입니다. 훈육의 본질은 단순히 행동을 통제하거나 억제하는 데 있는 것이 아니라, 아이가 사회적 규범과 책임감을 자발적으로 습득하고 내면화하는 과정을 돕는 데 있습니다.

인간은 본질적으로 사회적 존재이기 때문에, 자신이 속한 공동체의 가치관과 행동 규범을 습득하는 과정이 필수적입니다. 이러한 학습은 어릴 때부터의 교육과 훈육을 통해 점진적으로 이루어지며, 각 행동이나 규칙의 의미와 필요성을 이해하고 스스로 받아들이는 과정을 통해 내면화됩니다. 다시 말해 훈육은 이해와 납득을 기반으로 이루어져야 하며, 공포나 수치심을 자극하는 혼내기나 체벌은 이러한 내면화를 오히려 방해하는 요소가 됩니다.

이제 시각을 조금 더 확장하여 혼내기에 대한 의존과 아동 학대, 그리고 훈육 간의 관계를 아동 학대의 증가 및 사회 인식 변화라는 관점에서 살펴볼 필요가 있습니다.

2023년 보건복지부의 『아동 학대 연차보고서』에 따르면, 해당 연도에 접수된 아동 학대 신고 건수는 48,522건으로, 전년 대비 5.2% 증가한 수치입니다. 이는 2018년의 36,417건과 비교할 때 약 33% 증가한 것으로, 아동 학대 신고가 지속적으로 증가하고 있음을 보여줍니다. 물론 이 수치는 보건복지부 및 관련 기관에 공식적으로 접수된 신고 및 상담 건수를 기준으로 집계된 것이므로, 실제 발생 건수와는 차이가 있을 수 있습니다. 또한 아동 학대에 대한 사회적 인식이 높아지면서 신고율이 증가한 측면도 있으며, 실제로는 학대로 판정되지 않은 사례가 일부 포함되어 있다는 점도 함께 고려해야 합니다.

그럼에도 불구하고 이 통계는 아동 학대가 여전히 심각한 사회적 문제로 인식되고 있으며, 이에 대한 사회적 관심과 제도적 대응이 한층 절실해지고 있음을 명확히 보여줍니다. 이러한 흐름에 대응하여 우리 사회에서는 '아동학대범죄의 처벌 등에 관한 특례법(일명 아동학대처벌법)'이 개정되었고, 관련 법령도 보다 엄격하게 시행되고 있습니다.

가장 주목할 만한 변화 중 하나는, 아동에 대한 모든 형태의 체벌이 법적으로 금지되었다는 점입니다. 이는 보호자가 훈육을 명목으로 신체적 폭력을 행사하거나 반복적인 학대 행위를 저지르는 일이 사회적으로 심각한 문제로 인식되면서 도입된 조치이며, '체벌은 곧 학대'라는 법적 인식이 명확히 자리 잡았음을 보여줍니다. 다시 말해 어떠한 이유로든 아동에게 체벌을 가하는 행위는 학대로 간주되며, 법적 처벌의 대상이 됩니다.

여기서 간과해서는 안 될 중요한 사실은, 이러한 법적 변화가 단지 생명을 위협하는 극단적인 물리적 학대의 증가에만 대응하기 위한 조치가 아니라는 점입니다. 겉으로는 심각한 사례에 대응하는 제도로 보일 수 있으나, 더 본질적인 변화는 우리 사회 전반의 인식 전환에 있다는 데 그 의미가 있습니다.

## 학대는 누구에게나 일어날 수 있다: 정서적 학대란 무엇일까?

이 문제를 올바로 이해하기 위해서는, 먼저 아동 학대의 유형부터 살펴볼 필요가 있습니다. 현재 아동 학대는 일반적으로 신체적 학대, 성적 학대, 방임(양육 방기), 그리고 정서적 학대의 네 가지 유형으로 분류됩니다.

많은 사람이 학대라는 단어를 들었을 때 가장 먼저 떠올리는 것은, 아이를 때리거나 발로 차는 등 신체적 폭력 혹은 성적인 가해 행위일 것입니다. 또한 식사를 제공하지 않거나 아플 때 병원에 데려가지 않는 등 기본적인 보호와 돌봄을 거부하는 방임 역시 대표적인 학대 유형으로 잘 알려져 있습니다. 여기에 더해 최근에는 언어적 위협, 무시, 자존감을 훼손하는 언행 등 정서적 가해 행위 또한 명백한 학대의 한 형태로 인식되고 있습니다.

그렇다면 최근 들어 신고나 상담이 가장 많이 증가하고 있는 학대 유형은 무엇일까요? 바로 정서적 학대입니다.

보건복지부가 발표한 주요 통계에 따르면 모든 아동 학대 유형이 전반적으로 증가하는 가운데 정서적 학대의 증가세가 특히 두드러지고 있습니다. 2022년 보건복지부의 아동 학대 통계에 따르면, 해당 연도의 아동 학대 신고 접수 건수는 46,103건이었으며, 이 중 정서적 학대 사례는 10,632건으로 전체 유형 가운데 가장 높은 비율을 차지했습니다.

이러한 증가 추세는 단지 정서적 학대 자체가 실제로 많아졌기 때문만은 아닙니다. 정서적 학대에 대한 사회적 인식이 높아지면서, 과거에는 학대로 간주되지 않았던 언행이 이제는 신고의 대상으로 인식되기 시작한 결과이기도 합니다. 다시 말해 이전에는 훈육이나 지도로 여겨졌던 일부 언행이 이제는 아동의 정서에 해를 끼치는 문제 행동으로 재조명되고 있는 것입니다.

그렇다면 정서적 학대란 구체적으로 어떤 행위를 의미할까요?

보건복지부의 기준에 따르면 다음과 같은 행위가 정서적 학대에 해당합니다.

- 위협, 무시, 조롱 등 아동의 정서에 상처를 주는 반복적인 언행
- 자존심을 해치거나 아동을 부정적으로 규정하는 말과 태도
- 형제자매 간 차별적인 대우

이처럼 어떤 형태이든 아동의 자존감을 훼손하고 정서적 안정감을 무너뜨리는 지속적인 행위는 정서적 학대로 간주됩니다.

이러한 설명을 접한 일부 보호자들은 다음과 같은 불안을 느낄 수 있습니다.

"혹시 내가 한 행동도 정서적 학대에 해당하는 것은 아닐까?"

"그런 것까지 학대라고 한다면 결국 누구나 학대를 저지르고 있는 것이 아닌가?"

이와 같은 의문은 충분히 타당하며 동시에 매우 중요한 문제의식이기도 합니다. 실제로 정서적 학대까지 포함해 생각해 본다면 학대는 아이를 키우는 과정에서 누구에게나 발생할 수 있는 문제입니다. 학대는 단지 극단적이고 악의적인 소수만이 저지르는 특수한 범죄가 아닙니다. 누구든 양육 과정에서 훈육이라는 명목 아래 학대적인 언행이나 반응을 보일 가능성이 있으며, 일단 그 방식에 익숙해지면 쉽게 빠져나오기 어려운 악순환에 빠질 수 있습니다.

특히 혼내기에 대한 의존과 학대 사이의 경계는 매우 낮고 얇기 때문에, 보호자가 의도치 않게 그 선을 넘게 될 위험은 언제든지 존재합니다. 이는 정서적 학대에만 국한된 문제가 아닙니다. 정서적 학대가 시작점이 되어, 시간이 지남에 따라 신체적 학대나 방임으로 확산되는 사례도 적지 않기 때문입니다.

결국 아동 학대는 어딘가 멀리 떨어진 '남의 이야기'가 아닙니다. 그것은 우리의 일상 속에서, 누구에게나, 어떤 가정에서나 일어날 수 있는 현실적인 문제인 것입니다.

## 부적절한 양육이라는 새로운 관점

최근 들어 '부적절한 양육'이라는 용어가 점차 사용되기 시작했습니다. 이는 기존의 학대가 주로 신체적 폭력에 초점을 맞추고 있던 것과 달리, 보다 광범위한 양육 태도와 행위 전반을 포괄하려는 개념입니다.

그렇다면 왜 굳이 부적절한 양육이라는 새로운 용어가 필요한 것일까요? 이 용어가 의도적으로 사용되는 데는 다음과 같은 두 가지 중요한 이유가 있습니다.

첫째, 지금까지 '문제는 있지만 학대라고 단정하기는 어려운' 양육 방식은 종종 간과되어 왔습니다. 학대라는 단어는 매우 강하고 단정적인 어감을 지니고 있어, 보호자 입장에서는 "내가 무슨 학대를 했다고?"라는 방어적인 반응을 유발하기 쉽습니다. 이로 인해 문제의 본질을 조명하거나 개선을 유도하는 데 어려움이 따르기도 합니다. 반면 부적절한 양육이라는 표현은 상대적으로 덜 공격적이며 설명이 용이한 언어입니다. 특정 행동이 왜 바람직하지 않은지를 보다 유연하고 설득력 있게 전달할 수 있다는 점에서, 개선적 접근에 효과적인 표현이라 할 수 있습니다.

예를 들어, "이번과 같은 대응은 아이에게 좋지 않으니 다음에는 피하는 것이 좋겠습니다"와 같은 표현은 상대방의 수용성을 높이고, 자기 방어 없이 자신의 양육 태도를 되돌아볼 수 있는 기회를 제공합니다.

둘째, 부적절한 양육이라는 개념은 '그 행동이 아이에게 해로운가?'라는 아동 중심의 관점을 강조합니다. 즉, 보호자의 의도보다는 아동에게 미치는 실제 영향에 초점을 맞추는 것입니다. 아무리 '아이를 위한' 선의에서 비롯된 행동일지라도, 그 결과가 아이에게 해롭다면 그것은 부적절한 것으로 간주되어야 합니다.

이처럼 아동 학대의 개념은 법적 정의를 넘어서, 아동의 발달과 복지를 중심에 둔 접근으로 점차 확장되고 있으며, 이러한 변화는 부적절한 양육이라는 새로운 언어를 통해 구체화되고 있습니다.

그렇다면 이러한 인식의 변화는 왜 중요한 것일까요?

그 이유는 어른의 부적절한 대응이 아동에게 미치는 부정적인 영향이 우리가 생각했던 것보다 훨씬 크기 때문입니다. 이러한 영향은 단순히 눈에 보이는 신체적 상처나 즉각적인 행동 반응에 그치지 않습니다. 오히려 보이지 않는 정서적·발달적 손상이 장기적으로 더 깊고 심각한 결과를 초래할 수 있다는 점이 최근 들어 더욱 강조되고 있습니다.

세계보건기구(WHO) 역시 다음과 같은 경고를 내리고 있습니다.

아동에 대한 부적절한 양육은 아이와 가족에게 고통을 주며,
장기적으로는 초기 뇌 발달에 부정적인 스트레스를 유발하고,
신경계 및 면역계의 발달을 저해할 수 있다.

그 결과 이러한 환경에서 성장한 아동은 다음과 같은 심각한 위험에 노출될 가능성이 높아집니다.

- 폭력적인 행동
- 우울증
- 비만
- 흡연 및 약물 남용
- 폭력의 피해자가 되는 경험
- 고위험 성행동
- 의도하지 않은 임신
- 알코올 중독 등

어린 시절의 부적절한 양육은 전 생애에 걸쳐 지속적인 위험 요소로 작용할 수 있다는 메시지는 점점 더 강한 경고의 형태로 사회에 울려 퍼지고 있습니다. 최근의 뇌·신경과학 연구는 이러한 경고를 뒷받침하고 있으며, 부적절한 양육이 아동의 뇌에 미치는 영향을 점차 구체적으로 밝혀내고 있습니다.

예를 들어, 일본 후쿠이대학의 토모다 아케미 박사 연구팀은 뇌 영상 분석을 통해 다음과 같은 연구 결과를 발표했습니다.

- 면전에서의 가정 폭력 → 시각 피질 발달 저해
- 지속적인 폭언 → 청각 피질 발달 저해
- 체벌 경험 → 전두엽 발달 저해

이러한 뇌의 변화는 혹독한 환경 속에서 생존을 위한 일종의 적응 반응으로 이해될 수 있습니다. 그러나 장기적으로 볼 때 이는 정서 조절, 판단력, 학습 능력 등 아동의 전반적인 발달에 심각한 부정적 영향을 미칠 수 있는 요인이 됩니다.

일부 연구에서는 언어적 폭력이 신체적 폭력보다 아동의 뇌에 더 큰 손상을 줄 수 있다는 결과도 보고되고 있습니다. 이는 곧 혼내기에 반복적으로 의존하는 부모나 보호자의 양육 태도가 부적절한 양육으로 이어질 수 있음을 시사합니다. 특히 언어 폭력을 포함한 면전에서의 가정 내 폭력은 명백한 심리적 학대의 한 형태로, 『아동학대범죄의 처벌 등에 관한 특례법』에서도 명확히 금지되는 행위로 규정하고 있습니다.

실제로 최근 발생한 여러 아동 학대 사건에서도 가정 내 언어적·정서적 폭력이 주요한 배경으로 작용한 사례가 점점 더 늘어나고 있습니다. 이처럼 언어를 통한 상처는 물리적인 폭력 못지않게,

때로는 그보다 더 깊고 오래 지속될 수 있는 문제입니다.

물론 학대나 부적절한 양육이 뇌에 미치는 영향을 다룬 뇌과학 연구는 아직 비교적 짧은 역사를 가진 분야이며, 향후 더 많은 연구와 검증이 필요한 것이 사실입니다.

그럼에도 불구하고 폭언이나 체벌이 아동의 뇌 발달을 저해할 수 있다는 과학적 데이터는 꾸준히 축적되고 있으며, 그 경고는 점점 더 분명해지고 있습니다.

이러한 연구는 우리에게 하나의 중요한 질문을 던집니다.

"지금 내가 사용하는 혼내기는 과연 아이의 뇌와 삶에 어떤 흔적을 남기고 있는가?"

이제는 혼내기를 단순한 훈육 방식으로 여길 것이 아니라, 아이의 신체와 마음, 더 나아가 삶 전체에 어떤 영향을 미치는지를 정면으로 마주해야 할 때입니다. 아이를 위한 진정한 보호와 양육이란, 어른의 감정을 해소하기 위한 수단으로 혼내기를 사용하는 것이 아니라, 아이의 발달과 감정, 그리고 미래를 고려한 책임 있는 대응으로 나아가는 데 있다는 사실을 우리는 잊지 말아야 합니다.

# 혼내기에 대한 의존과 가정 폭력·괴롭힘

혼내기에 의존하는 관점에서 바라보면, 가정 폭력이나 직장 내 괴롭힘 역시 학대와 유사한 구조를 지니고 있음을 알 수 있습니다. 이러한 관계에서 공통적으로 나타나는 핵심적 특징은, 한쪽은 상황을 정의하고 통제할 수 있는 권력을 갖고 있는 반면, 다른 한쪽은 그러한 권력을 가지지 못한 상태에 놓여 있다는 점입니다. 즉, 관계의 한 축에 분명한 권력의 비대칭성이 존재합니다.

이때 권력을 가진 쪽은 상대방을 자신의 뜻대로 조종하거나 통제하려는 욕구를 가지게 됩니다. 이는 단순한 감정 표현의 차원을 넘어서, 감정적·행동적 통제 수단으로서 권력이 행사되는 구조를 보여줍니다. 결과적으로 권력의 비대칭성과 그에 기반한 통제 욕구는, 혼내기를 포함한 다양한 인간관계 속에서 지배와 복종의 구조를 강화하는 핵심적인 메커니즘으로 작용하고 있는 것입니다.

# 커플 간의 권력 격차

먼저 부부나 연인 사이에서 발생하는 가정 폭력에 대해 살펴보겠습니다. 부모와 자녀 간의 관계에는 분명한 권력의 비대칭이 존재합니다. 이는 아이가 부모의 보호와 돌봄 없이는 생존하기 어려운 존재이기 때문입니다. 반면 부부나 연인 관계는 표면적으로는 수평적이고 대등한 관계처럼 보입니다. 이러한 외형적 평등성으로 인해, 폭력이나 억압이 겉으로 드러나지 않는 한 관계의 문제를 인식하기 어려운 경우가 많습니다.

그러나 실제로는 경제력, 사회적 지위, 신체적 힘 등 다양한 요인으로 인해 관계 안에 명백한 권력 격차가 형성됩니다. 그리고 한쪽이 권력을 행사하는 상황은 결코 드문 일이 아닙니다. 특히 오늘날에도 여전히 남성이 상대적으로 더 많은 권력을 갖는 경우가 여전히 빈번하게 나타납니다.

이처럼 불균형한 권력 관계는 권력을 가진 쪽이 자신의 요구를 관철하기 위한 수단으로 혼내기에 의존하게 되는 구조를 만들어 냅니다. 처음에는 감정적 표현이나 경고의 형태로 나타나는 혼내기가, 점차 상대를 통제하려는 방식으로 확대되며, 결국에는 심리적 억압이나 직접적인 폭력으로 이어질 수 있습니다.

이는 일부 특수한 경우에만 나타나는 예외적인 현상이 아닙니다. 오히려 우리 주변에서도 쉽게 발견되는 매우 보편적인 사회적 현실입니다. 많은 부모가 평범한 사람이지만 무심코 학대적 행동을 저지르듯, 가정 폭력을 행사하는 이들 역시 반드시 잔혹하거나 악의적인 인물만은 아닙니다. 그들 중 다수는 자신의 폭언과 폭력을 '상대를 위한 조치', '상황을 바로잡기 위한 어쩔 수 없는 선택'이라고 정당화하려 합니다.

실제로 가정 폭력의 가해자는 집 밖에서는 온화하고 조용한 사람으로 보이기도 합니다. 이는 그들이 자신의 권력이 미치지 않는 타인에게는 혼내기를 사용하지 않기 때문입니다. 혼내기에 의존하는 행동은 불특정 다수를 향하기보다는, 자신이 통제할 수 있다고 느끼는 특정한 상대에게 집중되는 경향이 있습니다.

이러한 측면에서 볼 때, 다수의 가정 폭력 사례 이면에는 혼내기에 대한 심리적 의존이 자리하고 있다고 해도 과언이 아닙니다. 물론 모든 폭력의 원인을 혼내기 하나로 환원할 수는 없습니다. 그러나 상대를 통제하기 위한 수단으로 혼내기를 반복적으로 사용하는 태도는 가정 폭력의 핵심적인 배경 요소 중 하나로 간과해서는 안 될 문제임은 분명합니다.

## 왜곡된 관계 — 트라우마적 유대

가정 폭력이 초래하는 지배적 관계의 결과로, 심리학에서는 '트라우마적 유대'라고 불리는 복합적이고도 흥미로운 심리 현상이 나타나기도 합니다. 이는 말 그대로 '트라우마를 통해 형성된 강한 유대감'을 뜻하며, 과도한 폭력이나 지속적인 억압 속에서 가해자와 피해자 사이에 형성되는 비정상적이고 왜곡된 정서적 결속을 의미합니다.

이 현상은 겉보기에 도저히 유지될 수 없을 것처럼 보이는 관계, 즉 관계를 끊는 것이 분명히 더 나아 보이는 상황에서도 피해자가 가해자를 거부하거나 떠나지 못하는 이유를 설명해줍니다.

트라우마적 유대는 일반적으로 권력을 지닌 가해자가 반복적으로 피해자를 처벌하고 통제하는 상황에서 형성됩니다. 이 과정에서 피해자는 지속적인 폭력, 폭언, 비난, 통제를 경험하며, 자기평가가 급격히 낮아지고 자책감에 사로잡히게 됩니다. 반복적으로 '이 모든 것이 네 잘못이다'라는 메시지를 주입받는 과정을 통해, 피해자는 결국 그러한 왜곡된 관점을 자신의 내면에 각인시키고, 자신이 문제의 원인이라는 잘못된 인식을 갖게 됩니다.

이러한 심리적 과정을 통해 피해자는 점차 정신적 의존 상태에 빠지게 되며, 무엇이 옳고 그른지를 스스로 판단하기 어려운 상황에 놓이게 됩니다. 결국에는 가해자의 기준과 기대에 맞춰 행동하는 구조가 형성됩니다. 이때 가해자는 관계 안에서 유일한 '정답'을 가진 존재로 자리매김하게 되며, 피해자는 그의 승인과 인정을 얻기 위해 끊임없이 애쓰는 관계의 틀에 갇히게 됩니다.

이와 같은 왜곡된 유대 관계는 단지 부정적인 감정의 축적에 의해 유지되는 것이 아닙니다. 오히려 간헐적으로 주어지는 긍정적 감정의 보상에 의해 더욱 강력하고 복잡하게 고착됩니다. 가해자가 때때로 보이는 애정 표현, 배려, 사과 등의 행동은 피해자에게 심리적 보상으로 작용합니다. 특히 예측할 수 없는 간헐적 보상은 예상 가능한 보상보다 더 강하게 뇌의 보상 회로를 자극하여, 도파민 분비를 촉진시키는 것으로 알려져 있습니다.

그 결과 피해자는 가해자와 더욱 강한 정서적 유대를 형성하게 되며, 관계를 끊어야 할 명백한 이유가 있음에도 불구하고, 스스로 벗어나기 어려운 심리적 구속 상태에 놓이게 됩니다.

이러한 트라우마적 유대 구조는 혼내기에 지나치게 의존하는 양육 관계나 권력 관계에서도 유사하게 발생할 수 있습니다. 혼내기와 칭찬, 애정 표현이 불규칙하게 혼합된 관계에서는, 혼나는 사람이 혼내는 사람에게 왜곡된 애착과 의존을 형성하게 되는 경향이 나타납니다. 이런 관계 속에서 혼내는 사람은 다음과 같은 방식으로 자신의 행동을 정당화하기도 합니다.

"(피해자는) 나를 신뢰하고 있다. 그렇기 때문에 내가 (상대를 위해)

혼내고 있는 것이다. 아무 문제가 없다."

이러한 인식은 혼내는 행위를 '상대를 위한 행동'으로 포장하며, 결과적으로 통제적 양육이나 감정적 지배를 심리적으로 정당화하는 수단으로 기능하게 됩니다.


## 직장 내 괴롭힘과 혼내기에 대한 의존

혼내기에 의존하는 태도는 가정이라는 밀폐된 사적 공간에만 국한되지 않습니다. 이러한 태도는 직장이라는 공적 공간에서도 충분히 나타날 수 있는 현상입니다.

직장 내에는 '업무 명령권'이라는 강력한 권한이 존재합니다. 고용된 직원은 그 권한 아래에서 상사의 지시를 따를 의무가 있으며, 이는 고용 계약을 통해 제도화된 공식적 권력 관계로 규정되어 있습니다. 물론 업무 지시나 명령은 조직 운영에 필수적인 요소입니다. 그러나 동시에 지속적인 지시와 평가 권한은 상사와 부하 직원 간의 뚜렷한 권력 격차를 형성하며, 그로 인해 관계가 수

직적으로 고착되기 쉬운 구조를 만들어 냅니다.

앞서 살펴본 바와 같이 권력 격차가 존재하는 상황에서는 부정적인 감정을 통해 타인을 통제하려는 심리, 즉 혼내기에 대한 의존 경향이 쉽게 작동할 수 있습니다. 이러한 맥락에서 직장은 혼내기를 기반으로 한 통제가 공적으로 정당화되기 쉬운 구조를 지니고 있다고 볼 수 있습니다.

이러한 점에서 볼 때 직장 내 괴롭힘은 혼내기에 의존하는 통제 방식의 또 다른 형태이자 그 연장선상에 있는 현상이라 할 수 있습니다. 고용노동부의 『직장 내 괴롭힘 판단 및 예방·대응 매뉴얼』에 따르면 다음과 같은 행위가 직장 내 괴롭힘에 해당합니다.

- 폭언 및 모욕적 언행: 상사가 부하 직원에게 지속적으로 폭언을 하거나 인격을 무시하는 발언을 반복하는 경우
- 과도한 업무 압박: 업무와 무관한 필기시험을 강제로 실시하고, 그 결과를 근무평정에 반영하겠다고 압박하는 경우
- 부적절한 신체적 접촉: 지도를 이유로 손찌검을 하거나 체벌을 가하는 경우

이와 같은 상황이 장기적으로 반복될 경우, 가해자는 상대를 통제하며 느끼는 우월감과 통제감에서 심리적 보상을 얻게 됩니다. 결과적으로 혼내기를 기반으로 한 통제 행위는 쾌락적 반복 행동

으로 굳어질 위험이 있으며, 그 행위에 점점 더 심리적으로 의존하게 되는 경향이 나타납니다.

한편 직장에서 발생하는 성희롱(성적 괴롭힘) 역시 유사한 권력 구조를 기반으로 작동합니다. 한국 사회에서는 피해자가 여성인 경우가 많으며, 이는 단순한 개인 간의 갈등을 넘어, '직무상의 지위 차이'와 '남성 중심적 조직 문화'가 복합적으로 작용한 결과로 이해할 수 있습니다.

특히 가해자가 자신의 우월적 지위를 무의식적으로 내면화하고 있을 경우, 성희롱은 단순한 성적 표현을 넘어, 지위를 기반으로 한 통제 수단으로 작동하게 됩니다. 이러한 점에서 성희롱 역시 혼내기와 마찬가지로 권력에 기반한 반복적 억압 행위로 이어질 수 있습니다.

결론적으로 혼내기에 의존하는 태도는 가정에만 국한된 문제가 아닙니다. 위계적 구조를 가진 직장이라는 공적 공간에서도, 이러한 태도는 정당한 지시나 평가의 형식을 띠면서 통제와 억압의 방식으로 나타날 수 있습니다. 이와 같은 혼내기는 권력의 쾌감을 강화하는 심리적 메커니즘으로 작용하며, 상대의 자율성과 존엄성을 침해하게 됩니다. 결국 이러한 통제 방식은 조직 문화 전반을 병들게 하는 주요 원인으로 작용하게 되는 것입니다.

# 혼내기에 대한 의존을
# 정당화하고 싶어지는 심리

앞서 우리는 혼내기에 대한 의존이 만성화될 경우 일상 속에서 어떠한 악영향을 초래하는지를 살펴보았습니다. 가정 내 학대, 부부 간 폭력, 직장 내 괴롭힘 등의 다양한 사례를 통해 혼내기가 개인의 삶과 인간관계를 얼마나 깊이 왜곡시킬 수 있으며, 때로는 회복하기 어려운 상처로 이어질 수 있음을 확인할 수 있었습니다.

이제 이 장의 마지막에서는 혼내기에 의존하는 사람들이 공통적으로 가지기 쉬운 심리적 메커니즘, 즉 '정당화 욕구'에 대해 함께 생각해 보고자 합니다.

## 피해자 의식이 강해진다

혼내기에 의존하는 관계에서 가장 먼저 피해를 입는 사람은 당연히 '혼나는 쪽'입니다. 이들은 원래 누려야 할 배움의 기회와 자유롭게 살아갈 권리를 점차 상실하게 되며, 결국에는 눈앞의 고통을 피하는 데 집중하는 삶으로 내몰리게 됩니다. 이러한 부정적 영향은 단기적인 차원을 넘어 삶 전반을 서서히 침식하며, 때로는 그 자체가 비극적 현실이 되기도 합니다.

그러나 혼내는 사람의 주관적 경험은 이와 전혀 다르게 전개됩니다. 오히려 자신이 피해자이며, 상대가 문제의 원인이라는 '인식의 역전' 현상이 나타납니다. 겉보기에 다소 이상하게 들릴 수 있으나, 혼내는 사람은 '상황을 정의할 수 있는 권력'을 가진 존재입니다. 이는 무엇이 옳고 그른지, 어떤 행동이 바람직한지를 스스로 판단하고 결정할 수 있는 위치에 있기 때문입니다. 이러한 위치에 놓일수록, 자신의 혼내기를 '문제를 해결하려는 정당한 노력'으로 인식하는 경향이 강해집니다. 그러나 동시에 그 책임은 전적으로 상대에게 전가되며, '나는 최선을 다하고 있다. 잘못한 것은 상대다'라는 고정된 믿음이 점점 더 굳어집니다.

혼내기에 의존하는 사람은 반복되는 실패와 좌절 속에서 점차 다음과 같은 질문을 스스로에게 던지기 시작합니다.

"왜 원하는 결과가 나오지 않을까?"

"내가 무언가 잘못하고 있는 것일까?"

"이렇게 해도 결국 아무것도 해결되지 않는 게 아닐까?"

때로는 상대가 고통스러워하는 모습을 보며 일시적인 죄책감을 느끼기도 합니다. 그러나 그렇다고 해서, 혼내기를 쉽게 멈출 수 있는 것도 아닙니다. 특히 자신이 혼내기에 의존하고 있다는 사실조차 인식하지 못하는 경우, 이를 멈추기 위한 시도 자체가 시작되지 않습니다. 이러한 상황에서는 혼내기를 멈출 수 없는 심리적 악순환이 형성되며, 그 행위를 정당화하려는 태도는 오히려 그 의존을 더욱 강화시키는 역할을 하게 됩니다.

'이것은 상대방을 위한 일이야.'

'이것은 어쩔 수 없이 필요한 일이야.'

이처럼 자신을 설득하는 방식으로 혼내는 행동을 정당화하려는 심리적 장치가 작동합니다. 그러나 이러한 생각은 결국 자기 합리화에 불과하며, 본질적으로는 자신의 통제 욕구를 정당화하기 위한 억지스러운 변명일 뿐입니다.

혼내기를 정당화하는 태도는 오히려 그 의존을 강화하고 혼내기를 반복적으로 지속시키는 악순환의 고리로 작용합니다.

혼내기는 단순한 감정의 표출이 아닙니다. 그 안에는 자기 인식, 감정 조절, 권력 의식, 관계 방식이 복합적으로 얽혀 있습니다. 그리고 그 혼내기가 정당화되는 순간 우리는 문제를 해결하고 있는 것이 아니라 오히려 그 문제를 고착화시키고 있는 것일 수도 있습니다.

## 나는 그렇게 강해졌다: 생존자 편향

'나는 엄하게 혼나며 자라 훌륭한 사람이 된 이들을 많이 안다.'

'나는 혼나면서 강해졌고, 오히려 감사하게 생각한다.'

'성공한 사람들 중 많은 이들이 엄하게 혼났었다고 하지 않나.'

이 책을 읽는 독자들 가운데도 이와 같은 생각을 품고 있거나, 비슷한 의문을 가진 이들이 있을 수 있습니다. 그러나 이러한 판단이 혹시 '생존자 편향'이라는 인식 왜곡에 기반하고 있는 것은 아닌지, 조심스럽게 되돌아볼 필요가 있습니다.

생존자 편향이란 실패하거나 도태된 사람들의 경험은 고려하지 않고, '살아남은 사람들'의 사례만을 근거로 판단하는 인식의 오류를 말합니다. 실제로 혼내기에 의존하는 환경, 즉 지속적인 질책과 억압 속에서도 이를 견디고 사회적으로 성공한 사람들은 존재합니다. 그들은 자신의 경험을 바탕으로 '나는 혼나는 과정을 통해 강해졌다'고 느낄 수 있으며, 그 기억이 개인적으로는 긍정적인 의미로 남아 있을 수도 있습니다. 이들의 감정과 회고를 무시하거나 부정할 필요는 없습니다.

그러나 우리가 반드시 기억해야 할 사실이 있습니다.

같은 환경 속에서 상처받고 좌절하며, 스스로를 잃은 수많은 사람들 또한 존재한다는 점입니다. 이들은 사회적으로 성공하지 못했기에, 자신의 경험을 공적으로 말할 기회조차 갖지 못한 채 침묵하게 됩니다.

사회적으로 널리 퍼지는 목소리는 주로 발언할 수 있는 위치에 있는 사람들, 즉 이미 성공한 사람들의 이야기입니다. 그들은 자연스럽게 더 많은 주목을 받고, 더 큰 발언권을 지니게 됩니다. 그러나 우리는 다음과 같은 질문을 반드시 던져야 합니다.

"혼나는 과정을 통해 강해질 수 있다는 믿음은, 어쩌면 말하지 못한 다수의 상처와 침묵 위에 세워진 것은 아닐까?"


## 모두가 함께 혼내기에 대한 의존을 정당화하다

우리 사회 전반에는 혼내기에 대한 의존을 정당화하는 다양한 논리와 인식이 널리 퍼져 있습니다. 이러한 정당화는 단순한 습관이나 문화적 관성을 넘어, 깊은 심리적 욕구에 뿌리를 두고 있는 현상이라 할 수 있습니다.

많은 사람은 혼내는 행동을 '옳은 것', '필요한 것', '당연한 것'으로 받아들이고자 합니다. 다시 말해 자신의 혼내기를 정당화하려는 내면의 욕구가 강하게 작용하고 있는 것입니다. 이 욕구는 개인내부에 국한되지 않습니다. 그 이면에는 같은 생각을 공유하는 사람들과의 정서적 연대, 곧 사회적 안정을 향한 집단적 확신 욕구가 자리하고 있습니다.

사람은 자신의 행동이 다수의 행동과 일치한다고 느낄 때, '나만 그런 게 아니다', '다들 그렇게 한다'는 인식을 통해 행위에 대한 정당성과 심리적 안도감을 얻게 됩니다.

또한 사회적으로 영향력 있는 인물이나 공공의 권위를 지닌 존재가 혼내기를 옹호하거나 정당화하는 발언을 할 경우, 많은 사람은 이를 자신의 행동을 뒷받침해주는 공식적 근거로 받아들이게 됩니다. 그 결과 지금까지 해오던 방식대로 혼내기를 지속하는 것이 자연스럽고 정당한 일처럼 인식되기 쉽습니다.

이처럼 혼내기를 정당화하려는 사람들 사이에 정서적·문화적 결속이 공고하게 형성되면, 이러한 흐름은 점차 사회적 영향력을 행사하는 하나의 문화적 동력으로 작용하게 됩니다.

결국 혼내기에 대한 의존은 단순한 개인의 성향이나 일시적인 감정 표현에 그치지 않습니다. 그것은 가정, 학교, 직장, 정치, 언론 등 사회 전반에 걸쳐 문제를 발생시키고, 그 문제를 구조적으로 지속시키는 요인으로 작용하게 되는 것입니다.

# PART 3

# 혼내기에 대한 의존은
# 사회의 병이다

---

## 혼내기에 대한 의존을
## 정당화하는 사회

부정적인 감정을 통해 타인을 통제하려는 사고방식이 정당화될 때, 그 영향은 결코 개인 간의 관계에만 국한되지 않습니다. 이러한 태도는 사회 시스템의 설계, 교육의 방향, 인재 양성의 기준 등 다양한 영역에 걸쳐, 깊고도 왜곡된 영향을 미치게 됩니다.

# 6 왜 엄벌주의는 뿌리깊게 지지되는 것일까?

## 한국의 소년법은 관대한 법일까?
## – 엄벌화 되어 가는 소년법

혼내기에 의존하는 사회에서는, 처벌을 통해 사람을 통제하려는 경향이 강해지며, 금지와 징벌이 일상적인 통제 수단으로 자리 잡게 됩니다. 이러한 환경에서는 개인이 타인뿐 아니라 사회 시스템으로부터도 반복적으로 혼나는 경험을 하게 됩니다. 이와 같은 통제 중심의 사고방식은 제도 전반에도 영향을 미치며 특히 청소년 범죄를 다루는 법제도인 소년법에서도 그 흐름을 확인할 수 있습니다.

2007년 소년법 개정을 통해 적용 연령의 상한이 기존 만 20세 미만에서 만 19세 미만으로 조정되면서, 만 18세와 19세 청소년도 성인과 동일한 형사 처벌 대상이 되었습니다. 동시에 촉법소년의 연령 하한도 기존 만 12세에서 만 10세로 낮아져, 만 10세 이상 14세 미만의 청소년 역시 범죄를 저지를 경우 보호 처분의 대상이 될 수 있게 되었습니다. 최근에는 소년법 적용 연령을 더욱 낮추거나, 특정 범죄에 대해 예외적으로 엄격한 처벌을 도입하자는 논의도 지속적으로 제기되고 있습니다.

　이러한 논의는 모두 처벌 강화에 초점을 맞추고 있으며, 이는 소년법이 본래 지향하던 갱생과 회복의 가치보다 점차 강력한 처벌 중심으로 개정되어 왔음을 보여줍니다. 그 배경에는 '한국의 소년법은 지나치게 관대하다'는 사회적 인식과 제도에 대한 불신이 자리하고 있습니다. 특히 미성년자에 의한 강력 범죄가 발생할 때마다, 소년법의 엄벌화를 요구하는 여론이 빠르게 확산되어 왔습니다. 청소년이 저지른 살인, 성폭력, 집단 폭행 등의 사건은 그 특이성과 잔혹성으로 인해 언론의 집중 조명을 받으며, '처벌이 너무 가볍다', '왜 가해자만 보호받는가?'와 같은 감정적 반응이 뒤따르곤 합니다.

　이러한 여론은 한국 사회가 청소년 범죄를 어떻게 인식하고 있는지를 보여주는 여론조사 결과에서도 확인됩니다. 한 조사에서는 다수의 응답자가 '청소년 범죄가 증가하고 있다'고 답했으며, 이는 많은 이들이 청소년들이 범죄에 쉽게 노출되고 있으며 보다 강력한 통제가 필요하다고 인식하고 있음을 시사합니다.

　결국 현재의 소년법 개정 흐름은 혼내기라는 방식의 통제를 제도적으로 강화하는 방향으로 나아가고 있습니다. 이는 소년법이 지니고 있던 회복적 정의의 정신에서 점차 멀어지고 있음을 보여주는 단적인 사례라 할 수 있습니다.

## 잊혀진 실태

'아이들에 의한 흉악 범죄가 증가하고 있으며, 이를 억제하기 위해 소년법이 엄격해져야 한다'는 주장은 언뜻 보기에는 매우 논리적으로 들립니다. 그러나 실제 통계를 살펴보면 이러한 주장과는 전혀 다른 현실이 드러납니다.

우선 20세 미만 청소년에 의한 범죄는 증가하지 않고 있으며, 중대한 사건을 포함하더라도 전체 범죄 발생은 뚜렷한 감소세를 보이고 있습니다. 즉, 현재 한국의 청소년들은 과거에 비해 범죄를 저지를 가능성이 오히려 낮아진 셈입니다.

대검찰청 범죄 분석 자료에 따르면, 2008년 청소년 범죄자 수는 134,992명이었으나 2020년에는 64,480명으로, 절반 이상 줄었습니다. 또한 전체 범죄자 중 청소년이 차지하는 비율도 감소하고 있습니다. 2011년에는 940명이었으나 2020년에는 785명으로 줄어들었습니다. 특히 흉악 범죄의 경우 일시적으로 증가한 시기도 있었으나, 장기적으로는 꾸준한 감소세를 보이고 있습니다.

이와 같은 통계를 제시하더라도 일부 독자들은 "청소년 범죄가 줄고 있다 하더라도, 강력한 처벌로 더 줄일 수 있다면 좋은 일 아닌가요?"라고 반문할 수 있습니다. 그러나 현실은 그렇지 않다는 점이 점점 더 분명해지고 있습니다. 특히 재범률의 관점에서 보면 강한 처벌은 오히려 부정적인 결과를 초래할 수 있습니다.

일반적으로 강력한 처벌은 형기의 연장 또는 형사 처벌 수준의 상향을 의미합니다. 그러나 형기가 길어질수록, 출소 후 주거지나 일자리를 마련할 기회는 줄어들게 되며, 사회로의 복귀가 어려워질수록 재범 가능성은 오히려 높아지는 경향을 보입니다. 이러한 점에서 강력한 처벌이 범죄를 억제하는 데 실질적인 효과가 있는지에 대해 의문이 제기됩니다.

실제로 법무부 통계에 따르면 재범으로 인해 교도소에 수감되는 사람 중 약 70%는 무직 상태이며, 직업이 없는 사람의 재범률은 직업이 있는 사람보다 4배나 높습니다. 또한 매년 약 6,400명의 수감자가 거처나 사회적 지지 없이 교도소를 떠나고 있으며, 이들 중 3명 가운데 1명은 2년 이내에 다시 수감되는 것으로 나타났습니다.

이러한 현상은 청소년 범죄에만 국한된 문제가 아닙니다. 전체 범죄자 중 재범자의 비율 또한 꾸준히 증가하고 있습니다.

법무부의 『2023 교정통계연보』에 따르면, 전체 수용자 중 재범자의 비율은 2013년 약 50%에서 2022년 약 55%로 증가했고, 신규 수용자 중 재범자의 비율은 같은 기간 약 60%에서 65%로 높아졌습니다.

　한편 검거 인원은 연령과 무관하게 전반적으로 감소하는 추세를 보이고 있습니다. 이는 단지 청소년 범죄만 줄어들고 있는 것이 아니라, 전체 범죄 발생 자체가 감소하고 있다는 사실을 보여주는 중요한 지표입니다.

## 효과 없는 정책을 지지하는 것

　현재 청소년에 의한 범죄는 감소 추세에 있으며, 엄벌화를 통해 추가적인 감소 효과를 기대하기는 어려운 상황입니다. 이러한 사실을 고려할 때 소년법을 더욱 강력한 처벌 중심으로 개정하는 접근은 범죄 예방이라는 측면에서 설득력 있는 근거가 부족함을 보여줍니다.

　오히려 이러한 접근은 문제 해결에 기여하지 않을 뿐만 아니라 경우에 따라 범죄 발생 자체를 오히려 증가시킬 수 있는 부작용을 초래할 우려도 있습니다. 이에 대해 한국변호사협회, 형사법 연구자들, 한국아동청소년정신의학회 등 관련 전문가 집단은 공식적인 의견서와 성명을 통해 지속적으로 우려를 표명해 왔습니다.

그렇다면 이러한 전문가들의 지적에도 불구하고 왜 엄벌화는 여전히 추진되고 있는 것일까요? 그 배경에는 단지 범죄를 줄이기 위한 목적 외에도, 또 다른 심리적 요인이 합리적 이유처럼 포장되어 작용하고 있을 가능성이 존재합니다.

그중 하나는, 사람들 내면에 자리한 처벌 욕구를 충족시키려는 심리적 동기입니다. 이 욕구는 법과 정책의 엄벌화 흐름을 견인하는 강력한 배경 요인으로 작용하기도 합니다. 물론 이것이 곧 정치인들이 모두 혼내기에만 의존하고 있다는 의미는 아닙니다. 정치인은 지지자들의 감정과 요구를 반영해야만 권력을 유지할 수 있기 때문에, 대중의 분노와 처벌 욕구에 민감하게 반응할 수밖에 없습니다.

"우리는 나쁜 사람들에게 엄한 처벌을 내리는 정의의 수호자입니다."

이와 같은 메시지는 대중의 처벌 감정을 자극하며, 정치적 지지를 얻는 데 효과적인 수단으로 기능합니다. 이러한 점에서 최근의 엄벌화 경향은 단지 범죄율을 낮추기 위한 정책적 판단이라기보다는, 대중 정서를 활용한 정치적 전략으로 이해될 여지가 큽니다.

# 약물 의존은 범죄일까?
## – 해악 감소라는 관점

엄벌화가 실질적인 해결로 이어지지 않는 또 하나의 대표적인 사례는 약물 문제입니다. 특히 각성제 사용과 약물 의존은 최근 한국 사회에서도 점차 심각한 사회적 이슈로 부상하고 있습니다.

주목할 점은 세계 주요 선진국들이 이미 각성제와 같은 약물에 대해 '비범죄화'를 정책 방향으로 채택하고 있다는 사실입니다. 개인적 사용을 목적으로 한 약물 소지에 대해 범죄로 간주하지 않고 처벌하지 않는 국가들이 점차 늘어나고 있으며, 이는 기존의 처벌 중심 접근에서 벗어나려는 흐름으로 해석할 수 있습니다.

그러나 한국과 일본은 이와 같은 세계적인 정책 전환 흐름에서 예외적인 위치에 있습니다. 이들 두 나라는 여전히 규제와 처벌 강화 중심의 정책 기조를 유지하고 있으며, 이에 대해 뒤처지고 있다는 평가도 제기되고 있습니다.

물론 전 세계적인 관점에서 볼 때 한국은 비교적 약물 문제가 적은 국가로 평가받고 있습니다. 그러나 그렇다고 해서 그 사회적 영향까지 미미하다고 보기는 어렵습니다.

예를 들어, 2022년 국내에서 적발된 마약사범은 총 18,395명으로, 전년 대비 13.9% 증가한 수치이며 역대 최다 기록입니다. 또한 마약사범의 재범률은 다른 범죄 유형과 비교해도 매우 높은 수준을 보이고 있습니다. 2021년 기준, 마약 범죄의 동종 재범률은 36.6%로, 절도(22.8%), 강도(19.7%), 폭력(11.7%), 살인(4.9%)에 비해 현저히 높은 수치입니다.

여성 마약사범의 비율도 꾸준히 증가하고 있습니다. 2022년 기준, 전체 마약사범 중 여성의 비율은 22.1%로, 전년 대비 1.5%포인트 상승했습니다. 또한 2018년 기준, 마약류 사범 중 재범자 수는 4,622명, 전체의 36.6%에 해당하며, 높은 재범률이 지속되고 있음을 보여줍니다.

이러한 통계는 과연 엄벌화가 약물 문제 해결에 효과적인 접근 방식인지에 대한 중대한 의문을 제기합니다. 한국은 지금까지 규제와 처벌 강화 중심의 정책으로 대응해 왔지만 재범률과 확산 추세는 여전히 심각한 수준입니다.

따라서 지금 필요한 것은 단지 형량을 높이고 적발을 강화하는 방식이 아니라, 회복적·예방적 접근을 포함하는 정책 전환의 모색이라 할 수 있습니다. 다수의 선진국이 이를 실험하고 있는 지금,

한국 역시 보다 실효적이고 지속 가능한 방식으로 약물 문제를 다뤄야 할 시점입니다.

## 역사가 가르쳐주는 엄벌주의의 실패와 해악 감소 접근

이 변화의 배경에는 약물 문제에 대한 엄벌주의 정책이 반복적으로 실패해 온 역사적 경험이 자리하고 있습니다.

그 대표적인 사례가 바로 1970년대 미국의 '마약과의 전쟁'입니다. 당시 미국 정부는 약물을 공중 보건의 최대 위협으로 규정하고, 전 세계 국가들과 함께 이른바 '마약과의 전쟁'을 선포했습니다. 이는 단속과 처벌을 대폭 강화한 엄벌주의 정책의 출발점이었으며, '전쟁'이라는 표현은 약물 문제를 무력으로 뿌리 뽑겠다는 당시 정부의 강경한 의지를 상징적으로 보여주는 것이었습니다.

그렇다면 결과는 어땠을까요?

마약과의 전쟁이 시작된 지 약 40년이 지난 2011년, 국제 마약 정책 위원회는 다음과 같은 선언을 발표합니다.

세계적인 마약 전쟁은 실패로 끝났으며, 전 세계 사람들과 사회에 파괴적인 영향을 미쳤다.

이러한 선언은, 전쟁이라는 비유를 그대로 따른다면 정책의 완전한 패배를 인정한 것과 다름없습니다.

단순히 약물 문제를 해결하지 못한 수준이 아니었습니다. 강력한 규제는 오히려 마피아와 조직범죄 집단에 막대한 이익을 안겨주었고, 암시장을 통해 약물 남용이 더욱 확산되는 결과를 초래했습니다. 또한 주사기 재사용으로 인한 HIV 감염 확산 등 공중 보건 측면에서도 심각한 피해를 낳았습니다.

결국 엄벌주의는 문제를 해결하기보다는 오히려 악화시키는 결과를 초래한 정책이었다는 평가에 이르게 된 것입니다.

이러한 배경 속에서 최근 전 세계적으로 '해악 감소'라는 새로운 개념이 주목받고 있으며, 이를 실질적인 정책으로 반영하려는 움직임도 빠르게 확산되고 있습니다.

해악 감소란 약물 사용 자체를 근절하는 데 초점을 두기보다는, 약물 사용으로 인해 발생하는 건강상의 피해와 사회적 손실을 줄이는 데 중점을 둔 접근 방식입니다. 즉, 규제와 처벌 중심의 엄벌주의에서 벗어나, 지원과 치료를 중심으로 약물 의존 문제를 해결하려는 시도라고 할 수 있습니다.

대표적인 사례는 포르투갈의 정책 전환입니다.

포르투갈은 2001년, 모든 마약에 대해 개인의 소량 소지 및 사용을 비범죄화했습니다. 이는 마약을 합법화한 것이 아니라, 단순

소지를 형사처벌 대상에서 제외한 조치였습니다. 위험한 약물을 소지한 사람은 체포되는 대신, 치료와 상담이 가능한 보건 시스템으로 연계됩니다.

같은 해 호주 시드니에서는 마약 주사 보건 센터가 개설되었습니다. 이 센터는 청결한 주사기 제공, 감염 예방, 응급 대응 등을 통해 의료진의 감독 아래 감염 위험 없이 안전하게 약물을 사용할 수 있는 공간을 제공합니다.

이러한 목적을 가진 해악 감소 시설은 전 세계적으로 100곳 이상 운영되고 있으며, 앞으로도 그 수는 지속적으로 증가할 것으로 전망되고 있습니다.


## 문제 해결일까, 처벌 욕구의 충족일까?

약물 의존자를 체포하지 않고, 오히려 안전한 주사기를 제공하는 정책에 대해 의문을 제기하는 독자들도 있을 수 있습니다.

이러한 방식이 오히려 약물 의존 상태에서 벗어나지 못하게 만드는 것은 아닌지, 혹은 공공기관이 약물을 사용할 수 있는 공간을 제공함으로써 약물 의존자를 오히려 증가시키는 결과로 이어지는 것은 아닌지에 대한 우려 또한 분명 존재합니다.

그러나 우리가 주목해야 할 점은 이러한 해악 감소 정책이 실제로 여러 국가에서 의미 있는 성과를 내고 있다는 사실입니다. 적어도 기존의 규제와 처벌 중심의 엄벌주의 방식보다는 더 효과적인 접근으로 평가되고 있는 것은 분명합니다.

물론 한국은 전 세계적으로 볼 때 약물 문제가 비교적 적은 국가로 분류됩니다. 따라서 해외 사례와 같은 비범죄화 정책이 한국 사회에서도 동일한 효과를 낼 수 있을지에 대해서는, 향후 보다 폭넓은 논의와 경험적 연구가 필요한 영역이라 할 수 있습니다.

그럼에도 불구하고 분명한 사실이 하나 있습니다.

엄벌화는 약물 사용자의 사회 복귀를 어렵게 만들며 재범률을 높이고 있다는 점입니다. 물론 처벌이 일정 부분 효과를 발휘하는 경우도 있을 수 있습니다. 그러나 그렇지 않은 사례 또한 결코 적지 않으며, 만약 '처벌은 실질적인 해결책이 아니다'라는 점이 확인된다면, 우리는 보다 근본적인 질문과 마주하게 됩니다.

"우리는 사회 문제를 해결할 것인가, 아니면 처벌 감정을 충족할 것인가?"

이것은 단지 정책의 선택을 넘어, 우리가 어떤 가치를 우선할 것인가에 대한 결정의 문제이기도 합니다.

# 제도에 뿌리내린 처벌의 발상

## 효과 없는 금지와 처벌: PC방 규제

소년법 개정이나 약물 정책에서 공통적으로 드러나는 점은 '규제하고 처벌하면 상황이 개선될 것이다'라는 고정관념이 여전히 정책의 기반을 이루고 있다는 사실입니다. 그러나 미국의 마약과의 전쟁을 비롯하여, 금지와 처벌만으로 사람들의 행동을 통제하려 했던 수많은 정책은, 성과에 비해 지나치게 많은 사회적 비용을 초래하거나 실질적인 효과를 내지 못한 사례가 적지 않습니다.

우리는 이러한 역사로부터 분명한 교훈을 얻어야 합니다. 하지만 그 교훈은 아직까지 우리 사회의 현실 정책에 충분히 반영되지 못하고 있으며, 이러한 문제는 결코 먼 이야기가 아니라, 우리의 일상 가까이에서도 반복되고 있습니다.

대표적인 사례가 2000년대 초반 청소년의 PC방 이용을 규제하려 했던 정책입니다. 그중 하나가 밤 10시 이후 청소년의 PC방 출

입을 금지한 '청소년 보호법 시행령' 개정 조치였습니다. 이 조치는 '인터넷 게임 중독 예방'과 '학습 시간 확보'를 명분으로 시행되었으며, PC방 업주에게는 과태료 부과 및 영업 정지 등 강력한 제재 조치가 함께 적용되었습니다.

그러나 실질적인 효과는 매우 제한적이었습니다. 청소년들은 PC방 대신 가정용 컴퓨터나 스마트폰을 이용해 계속 게임을 즐겼고, 인터넷 중독 문제는 해결되지 않았습니다. 이후 스마트폰의 급격한 보급으로 게임 중독의 양상은 더욱 복잡하고 광범위해졌으며, PC방 규제가 실질적인 해결책으로 작동했다고 보기는 어려운 상황이 되었습니다.

이와 유사하게 2011년에는 '셧다운제'가 시행되었습니다. 이 제도는 만 16세 미만의 청소년이 자정부터 오전 6시까지 온라인 게임에 접속하지 못하도록 차단하는 정책으로, 청소년의 건강과 학습권 보호를 명분으로 시행되었습니다. 그러나 현실에서는 여러 가지 문제가 잇따라 발생했습니다. 일부 청소년은 부모의 주민등록번호를 도용하거나, 해외 게임 서버를 이용해 규제를 우회했고, 기술적·법적 문제에 대한 논란이 끊이지 않았습니다. 결국 셧다운제는 현실과 괴리된 규제라는 비판 속에 2022년 공식적으로 폐지되었습니다.

# 7 이해할 수 없는 상황을 참아 내는 것이 과연 미덕일까?

이번에는 우리가 일상 속에서 자주 마주하게 되는 다음과 같은 통념에 대해 이야기해 보고자 합니다.

"고통 없이 성장할 수 없다."

"이해할 수 없는 상황에서도 견뎌야 강해진다."

이러한 말은 언뜻 보기에는 성장을 위한 인내와 의지를 강조하는 조언처럼 들립니다. 그러나 그 내면을 살펴보면, 불필요한 고통이나 부당한 상황마저 정당화하는 논리로 작용할 수 있습니다. 더나아가 도움을 요청하거나 저항할 수 있는 기회마저 박탈하는 심리적 구조로 이어지기도 합니다.

이제 우리는 이처럼 미화된 고통의 서사가 실제로 담고 있는 메시지와 그로 인한 사회적 폐해를 짚어보려 합니다.

# 스포츠 지도에서 반복적으로 나타나는
# 혼내기에 대한 의존

## 한국 스포츠계에서 반복되는 학대 문제: 변화가 필요하다

　한국 스포츠 현장에서는 여전히 '불합리를 견디며 강해진다'는 왜곡된 가치관이 깊이 자리 잡고 있습니다. 이러한 사고방식은 단지 일부 지도자의 문제에 국한되지 않으며, 스포츠계 전반에 뿌리내린 구조적 문제와 깊이 연결되어 있는 현실입니다.

　2020년, 철인 3종 경기 선수였던 고(故) 최숙현 선수 사건은 이와 같은 현실을 적나라하게 드러낸 대표적인 사례였습니다. 최 선수는 감독, 팀닥터, 그리고 선배 선수들로부터 지속적인 신체적·정신적 폭력에 시달렸고, 결국 극단적인 선택에 이르게 되었습니다. 이 사건은 폭력적인 스포츠 문화와 인권 보호의 부재를 사회적으로 환기시키는 계기가 되었습니다.

　그러나 그 이후에도 체벌과 폭력은 여전히 스포츠 현장에서 반복되고 있습니다. 2024년에는 손웅정 감독이 운영하는 SON축구

아카데미에서 유소년 선수를 대상으로 한 체벌 및 폭언 논란이 제기되었습니다. 욕설과 신체적 체벌이 이루어진 정황이 드러난 이 사건은 스포츠 지도 현장의 폭력성과 권위주의적 문화가, 여전히 구조적으로 방치되고 있음을 보여주는 사례로 평가됩니다.

스포츠 지도자들의 폭력적이고 권위적인 지도 방식은 선수들의 신체적·정신적 건강에 심각한 위협이 되며, 때로는 회복하기 어려운 피해로 이어질 수 있습니다. 따라서 이 문제는 더 이상 개인의 일탈로만 보기 어렵습니다. 스포츠계 전반의 문화와 시스템이 근본적으로 변화되어야 할 구조적인 사안이라 할 수 있습니다.


## 지도의 이름으로 행해지는 폭행을 지지하는 사람들

참혹한 사건이 발생하면 우리는 책임 있는 지도자가 마땅히 비난받고 처벌을 받을 것이라 기대합니다. 그러나 현실은 이러한 기대를 배신하는 경우가 적지 않습니다.

앞서 언급한 고(故) 최숙현 사건에서도, 그녀가 감독, 팀닥터, 선배 선수들로부터 지속적인 신체적·정신적 폭력에 시달렸음에도 불구하고, 일부 관계자들과 주변 인물들은 오히려 지도자와 팀을 동정하거나 옹호하는 태도를 보였습니다. 그들은 폭행 사실 자체는 부정하지 않으면서도 '팀을 위해 헌신했다', '선수를 강하게 키우려 노력했다'는 식으로 지도자를 긍정적으로 평가하거나 두둔하려는 경향을 드러냈습니다.

한 선수가 목숨을 잃은 비극적인 사건 앞에서도 이러한 태도는 반복되었고, 일부 징계가 내려졌을 뿐 실질적인 책임 추궁이나 처벌은 매우 제한적인 수준에 그쳤습니다.

더 나아가 지도자를 옹호하는 사람들은 주변인에만 국한되지 않습니다. 피해자 본인조차도 가해자를 보호하거나 두둔하는 경우가 적지 않으며, 이는 단순한 착각이나 선의로만 설명되기 어려운 구조적 현상입니다.

스포츠 세계에서 지도자는 선수의 미래를 좌우할 수 있는 절대적인 권한을 가진 존재입니다. 경기 출전 여부, 진학 추천, 장학금 기회 등을 결정할 수 있는 권력을 가진 이들 앞에서, 피해자는 거절하거나 벗어나기 어려운 종속적인 관계에 놓이게 됩니다.

이러한 권력의 비대칭 구조 속에서 "너를 위한 일이다", "강해지기 위해서다", "미래를 위해 필요한 과정이다"와 같은 말이 폭언이나 폭력과 함께 반복적으로 주입될 경우, 피해자는 점차 자신이 잘못했음을 믿는 왜곡된 사고방식을 내면화하게 됩니다.

그 결과 이러한 인식은 다음과 같은 심리적 왜곡으로 이어지게 됩니다.

'내가 부족했기 때문이다.'

'지도자는 나를 위해 해주는 것인데 오히려 내가 미안하다.'

이는 자책과 동시에 왜곡된 감사의 감정이며, 가정 폭력 상황에서 자주 나타나는 '트라우마적 유대'와 유사한 심리적 반응입니다. 피해자는 폭력을 당하면서도 가해자에게 의지하고, 오히려 그를 보호하려는 심리를 갖게 되는 것입니다.

이러한 왜곡된 관계의 심리적 배경에는 혼내기에 의존하는 문화가 만들어 낸 뿌리 깊은 통제 구조가 자리 잡고 있습니다.


## 체벌 반대에 대한 새로운 움직임

한국 스포츠계에도 혼내기나 처벌에 의존하지 않고 선수를 존중하며 지도하는 지도자들이 분명히 존재합니다. 일부 선구적인 지도자들의 노력 덕분에 스포츠 현장에서는 희망적인 변화가 조금씩 일어나고 있습니다.

2021년, 대한체육회는 폭력 없는 스포츠 환경 조성을 목표로 스포츠인권센터를 설립했습니다. 이후 체육계 전반에 걸쳐 체벌과 학대 근절을 위한 강력한 메시지가 발표되었으며, 스포츠인권

센터는 인권 교육 확대, 캠페인 운영, 피해 접수 및 대응 체계 구축을 통해 중요한 역할을 수행하고 있습니다.

그러나 직접적인 물리적 폭력은 줄어들고 있지만, 그 자리를 폭언, 모욕, 심리적 압박이 대신하고 있는 현실 또한 여전히 존재합니다. 이는 단지 가시적인 체벌이 줄었다고 해서 문제가 해결된 것은 아님을 보여주는 대목입니다.

'체벌과 폭언은 금지입니다'라는 선언만으로는 충분하지 않습니다. 문제의 보다 근본적인 원인, 즉 혼내기에 의존하는 지도 방식을 직시해야 합니다. 그렇지 않으면 스포츠계는 언제든 폭력의 굴레로 되돌아갈 위험에 놓이게 됩니다.

폭력이나 체벌을 정당화하는 문화, 그리고 혼내는 것을 곧 지도력이라 착각하는 관행을 바꾸지 않는다면 진정한 변화는 결코 이루어질 수 없습니다. 우리가 행동하지 않는다면, 막을 수 있었던 비극조차도 '선수의 미래를 위한 지도였다'는 말로 또다시 정당화될 수 있습니다.

# 학교 교육에서 드러나는
# 혼내기에 대한 의존

## 학교라는 치외법권의 장소

한국 학교의 중요한 특징 중 하나는, 학교가 일종의 '치외법권' 처럼 여겨질 정도로 폐쇄적이고 독특한 공간이라는 점입니다. 학교 내에는 고유한 규칙과 행동 규범이 존재하며, 문제가 발생했을 때 외부 기관의 개입을 꺼리는 경향도 강하게 나타납니다.

예를 들어, 법적으로 처벌이 필요한 사건이 발생하더라도, 학교에서 일어난 폭행이나 절도와 같은 문제를 외부에 공식적으로 알리는 경우는 극히 드뭅니다.

앞서 살펴본 스포츠계의 폭행·폭언 사례에서도, 가해자의 책임이 제대로 추궁되지 않는 이유 중 하나는, 이러한 사건들이 체육 수업이나 동아리 활동 등 학교 내부에서 발생하기 때문이라 할 수 있습니다.

이처럼 학교는 폐쇄된 권력 구조 안에서 법의 적용조차 유예되는 공간이 되기 쉬우며, 그 결과 규칙 그 자체가 목적이 되어버리는 함정에 빠지게 됩니다.

규율은 본래 학생을 보호하고 올바른 방향으로 이끌기 위한 수단이어야 합니다. 그러나 어느 순간부터는 '형식적인 규칙을 지키기 위한 규칙'으로 변질되고 있는 것입니다.

그리고 학교는 이 문제의 대표적인 사례입니다.

예를 들어, 선천적으로 갈색 머리를 가진 학생에게 검은색으로 염색할 것을 요구하거나, 속옷 색상을 흰색으로 제한하고, 여학생의 치마 길이를 무릎 아래로 규정하며, 머리 길이를 단발로 강제하고, 체육 시간에 물을 마시는 것을 금지하는 규정 등은 그 대표적인 사례라 할 수 있습니다.

실제로 2021년 국가인권위원회 실태조사에 따르면 많은 학생이 이와 같은 비합리적인 규칙으로 인해 불편함과 모욕감을 경험하고 있으며, 일부 규칙은 학생의 기본권을 침해한다는 지적도 있었습니다. 이러한 규칙의 공통점은 무엇일까요?

바로 학교 안에서만 존재하며 학교 밖에서는 상상조차 하기 어려운 규칙이라는 점입니다.

만약 어떤 직장이나 사회 조직에서 속옷 색상을 규정하고, 머리 길이를 제한하며, 물 마시는 행위를 금지한다면, 그것은 명백한 인권 침해로 간주되며, 사회적 비난을 피하기 어려울 것입니다.

그러나 학교에서는 이러한 규칙이 당연한 질서처럼 작동하고 있습니다. 바로 이 지점에서 우리는 문제의 본질과 마주하게 됩니다. 학교 밖에서는 용납되지 않는 규칙이, 학교 안에서는 절대적인 질서로 작동하고 있다는 사실입니다.

이는 곧 상황을 정의할 권한이 남용되고 있으며, 학생들에게 불합리함을 강요하는 구조가 작동하고 있다는 의미입니다. 물론 이러한 규칙이 존재하지 않는 학교들도 분명 있습니다. 그렇기에 우리는 다음과 같은 질문을 던져야 합니다.

"불합리한 규칙 없이도 학교가 충분히 건전하게 운영될 수
   있다면 그 규칙은 과연 무엇을 위해 존재하는 것인가?"


## 목적을 상실한 교칙: 불합리한 규칙 준수의 강요

그렇다면 왜 여전히 비합리적인 규칙이 존재하는 학교들이 있는 것일까요? 학교는 교육의 현장이기 때문에 이를 정당화하려는 이들은 흔히 '교육적 목적'을 내세웁니다. 그리고 이러한 정당화 논리는 크게 두 가지 유형으로 나눌 수 있습니다.

첫 번째는 불합리함을 견디는 경험 자체에 교육적 가치가 있다

는 주장입니다. 이 관점을 지지하는 주장은 다음과 같은 논리로 구성됩니다.

- 교칙조차 지키지 못하는 사람은 사회의 규칙도 지킬 수 없다.
- 불합리한 규칙이라도 지키는 훈련이 필요하다.
- 사회에 나가면 더 많은 불합리가 존재한다.
- 지금부터 그런 상황에 적응하는 강한 마음을 키워야 한다.

그러나 이러한 주장에는 과학적 근거가 부족합니다. 불합리를 강요하는 방식이 교육적으로 효과적이라는 명확한 근거는 찾기 어렵고, 오히려 심리적 부작용과 반발심을 유발할 가능성이 크다는 지적이 많습니다.

실제로 이러한 시각의 배경에는 혼내기에 의존하는 교육 문화가 자리하고 있을 가능성이 큽니다. 한 조사에 따르면 규칙이 지나치게 엄격한 학교일수록 불합리한 지도를 경험할 가능성도 높다고 합니다. 여기서 말하는 엄격한 규칙이란 예컨대 머리 염색 금지, 치마 길이 검사 등 외적 통제를 중심으로 한 규정을 의미합니다.

두 번째 유형은 겉보기에 불합리해 보여도 학생을 보호하기 위한 조치라는 주장입니다. 이 경우 겉보기에는 납득하기 어려운 규칙이라 하더라도, 학생을 보호하거나 학습 분위기를 유지하기 위한 필요 조치로 해석하려는 태도가 나타납니다. 대표적인 예시는 다음과 같습니다.

- 머리 염색을 금지하는 것은 학생의 학습 분위기를 보호하기 위한 것이다.
- 긴 머리는 다칠 수 있기 때문에 단발을 권장한다.

이러한 규칙은 흔히 학생을 외부의 시선이나 위험으로부터 보호하기 위한 목적에서 도입되었다고 설명됩니다.

그러나 실제로는 학생 개인의 표현의 자유와 신체적 자유를 제한하면서, 그 효과나 필요성에 대한 객관적인 검토 없이 획일적으로 적용되는 경우가 많습니다.

2020년, 경기도의 한 학교에서 학부모가 외모 규제의 이유를 묻자 학교 측은 다음과 같이 답변했습니다.

"외모로 인해 사건이나 사고에 휘말리는 경우가 있어 학생을 보호하기 위한 규칙입니다."

이 답변은 학생 보호라는 명분을 내세웠지만 동시에 논란을 불러일으켰습니다. 만약 이 논리를 그대로 따른다면, 염색한 머리나 긴 머리를 한 사람은 모두 사고에 취약하다는 전제가 성립해야 하며, 결국 전 국민을 대상으로 동일한 규제를 시행해야 한다는 모순에 도달하게 됩니다.

이처럼 기묘한 논리와 규칙이 형성되는 배경에도 역시 혼내기와 통제 중심의 교육 문화가 작동하고 있다고 볼 수 있습니다.

학교에서 교사는 상당한 권한을 가진 존재이며, 이 권력은 때때로 타인을 통제하려는 욕구 혹은 통제로부터 비롯되는 심리적 만족감으로 이어질 수 있습니다. 그 결과 '바람직한 모습', '금지사항', '벌칙'과 같은 세부 규칙이 점점 과도하게 정비되고 끊임없이 추가되는 복잡한 규제 구조가 형성됩니다. 이러한 규칙은 점차 실질적인 의미 없이 작동하는 '규칙을 위한 규칙'으로 변질되고 맙니다.

이러한 부당한 규칙에 대해 비판이 제기될 때 자주 등장하는 반론은 다음과 같습니다.

- 필요하니까 하고 있는 것이다.
- 현장의 사정을 모르면 함부로 말하지 마라.
- 이렇게 해도 규칙이 안 지켜진다.
- 엄격함을 멈추면 더 큰 문제가 생긴다.

그러나 이와 같은 반응은 규칙의 정당한 이유라기보다는, 학교가 스스로 통제의 필요성을 재생산하고 있음을 보여주는 증거로 해석될 수 있습니다. 물론 오랜 억압 이후 갑작스럽게 규제를 완화할 경우 일시적인 감정의 폭발이나 과도한 자유 표현이 나타날 수 있습니다.

예를 들어, 머리 모양에 대한 규제를 폐지한 이후 일부 학교에서

'이상한', '성숙해 보이는', '아이답지 않은' 스타일을 한 학생이 늘었다는 교사들의 우려가 보고되기도 했습니다.

그러나 이러한 반응 역시 혼내기에 의존한 통제 문화에서 비롯된 전형적인 반응이라 할 수 있습니다. 처음부터 부정적인 감정을 기반으로 학생을 통제해 왔기 때문에 그 억압이 사라진 뒤 나타나는 반작용은 어쩌면 자연스러운 결과일 수 있습니다.

결국 중요한 것은 학교나 교사가 규정하는 '바람직한 모습'이 과연 타당한 것인지에 대해 끊임없이 질문하고 성찰하려는 태도입니다. 교육에서 머리 모양이나 복장보다 더 본질적이고 중요한 것이 분명히 존재합니다. 그리고 진정으로 필요한 교육이 무엇인지 고민하는 일, 그것이야말로 새로운 규칙을 만드는 것보다 먼저 이뤄져야 할 과제일지도 모릅니다.

# 이해할 수 없는 부조리를 견딘다고 해서, 무엇이 변화할까?

## 강요된 인내로 사람은 강해지지 않는다

'강요된 인내로 사람은 강해지지 않는다'는 말은 단순한 주장이라기보다 깊은 통찰을 담은 문장입니다. 강압적으로 주어진 고통이나 불합리한 상황은 결코 사람을 진정으로 성장시키거나 강하게 만들 수 없습니다. 오히려 자율적이고 긍정적인 경험과 환경이 인간의 발달에 훨씬 더 효과적인 영향을 미친다는 사실은 다양한 연구와 사례를 통해 이미 입증되고 있습니다. 따라서 타인에 의해 강요된 인내나 의미 없는 고통은 사람을 강하게 하지도, 성장시키지도 않습니다.

여기서 한 가지 분명히 짚고 넘어가야 할 점이 있습니다.

이 글은 '참음'이나 '고통을 극복하는 것' 자체가 무의미하다고 말하려는 것이 아닙니다. 문제는 그 인내가 자발적인 선택이 아니라, 외부의 강요로 이루어질 때입니다.

그 이유는 명확합니다. 목표를 위해 스스로 선택한 인내와 외부로부터 강요된 인내는 겉보기에는 비슷해 보일 수 있지만, 그 내면의 경험은 전혀 다릅니다. 두 경우 모두 '인내'라는 같은 단어로 표현되지만, 그 인내를 받아들이는 사람의 심리 상태, 동기 부여, 자기결정감은 근본적으로 다릅니다. 그리고 바로 이 차이가 학습과 성장에 결정적인 영향을 미칩니다.

사람을 가장 강하게 만드는 힘은 '스스로 원한 것'을 위해 자발적으로 감내한 인내에서 비롯됩니다. 이러한 경험은 진정한 의미의 의지력, 회복력, 자존감을 길러주는 심리적 기반이 됩니다.

"앞으로 더 큰 고통이 올 수 있으니 지금부터 부당한 상황에
익숙해져야 한다."

이와 같은 사고방식으로 본래 필요하지도 않은 고통을 정당화하거나 강요하고 싶은 충동이 들 때, 우리는 스스로에게 '지금 이 인내는 누구를 위한 것인가?', '이 고통은 정말 필요하고 의미 있는 것인가?'라는 질문을 던져야 합니다.

어쩌면 이러한 사고방식 자체가 혼내기에 의존하는 교육 문화 속에서 길들여진 합리화의 결과는 아닌지, 그리고 지금 이 순간, 누군가에게 불필요한 고통을 강요하고 있는 것은 아닌지, 조심스럽게 되돌아볼 필요가 있습니다.

## 인내를 강요한 끝에 찾아오는 무력감

타인으로부터 주어지는 불합리한 고통이 왜 사람을 강하게 만들지 못하는지는, 심리학자 마틴 셀리그만 박사가 1967년에 발표한 유명한 개 실험을 통해 이해할 수 있습니다.

셀리그만 박사와 동료 연구자들은 개들을 세 개의 집단으로 나누어 전기 충격을 이용한 실험을 진행했습니다. 첫 번째 집단은 아무런 이유 없이 반복적으로 전기 충격을 받은 개들, 두 번째 집단은 전기 충격을 받되 스스로 그 고통을 멈출 수 있는 방법이 주어진 개들, 세 번째 집단은 전기 충격을 전혀 받지 않은 개들이었습니다.

이 실험에서 주목할 점은 첫 번째 집단과 두 번째 집단이 받는 충격이 서로 연결되어 있었다는 사실입니다. 즉, 두 번째 집단의 개가 특정 행동을 하면 충격이 멈추고, 동시에 첫 번째 집단의 충격도 함께 멈추도록 설계된 것입니다. 고통의 강도, 지속 시간, 타이밍은 동일했지만, 한쪽에는 피할 수 있는 선택지가 있었고, 다른 한쪽에는 전혀 선택권이 없었던 것입니다.

다음 날 연구진은 모든 개에게 탈출 과제를 제시했습니다. 상자는 낮은 벽으로 나뉘어 있었고, 개들이 벽을 넘어 다른 쪽으로 이동하면 충격에서 벗어날 수 있도록 설계되어 있었습니다. 연구진은 대부분의 개들이 본능적으로 탈출을 시도할 것이라고 예상했습니다. 그러나 결과는 예상과 크게 달랐습니다.

첫 번째 집단의 개들 중 약 3분의 2는 탈출을 시도조차 하지 않았습니다. 탈출이 불가능했기 때문이 아니라, 애초에 시도 자체를 포기했던 것입니다. 반면 두 번째 집단과 세 번째 집단의 개들은 대부분 탈출에 성공했습니다. 특히 두 번째 집단의 개들은 동일한 고통을 겪었음에도, 과거에 고통을 통제할 수 있었던 경험 덕분에 적극적으로 탈출을 시도했습니다.

같은 고통을 겪었음에도 이처럼 상반된 반응이 나타난 이유는, 그 고통이 '비수반적'이었는지 여부에 달려 있습니다. 비수반적 상황이란 개인의 행동이 환경에 아무런 영향을 미치지 못하는 상태, 즉 고통을 통제할 수 없는 무기력한 조건을 의미합니다.

셀리그만 박사와 연구진은 비수반적 고통을 반복적으로 경험한 개들이 '아무리 노력해도 소용없다', '무엇을 해도 상황은 달라지지 않는다'는 절망적인 인식을 학습하게 되었고, 그 결과 도움이 될 수 있는 상황에서도 아무런 시도조차 하지 않는 상태에 이르렀다고 분석했습니다.

이러한 심리 상태는 이후 '학습된 무기력감'이라는 개념으로 정리되었고, 후속 연구를 통해 인간에게도 동일하게 나타날 수 있음이 밝혀졌습니다.

여기서 중요한 점은 이 학습된 무기력감 상태가 겉보기에 마치 '인내'처럼 보일 수 있다는 사실입니다. 그러나 두 심리 상태는 본질적으로 다릅니다.

외부로부터 강요된 인내는 결코 진정한 인내력을 길러주지 않습니다. 오히려 그것은 체념과 무기력만을 남길 뿐입니다. 이러한 상태에 빠진 사람은, 눈앞에 분명한 해결책이 있음에도 그것을 시도조차 하지 못하는 상황에 놓이게 됩니다. 비수반적인 스트레스에 반복적으로 노출되면 인간은 점차 무기력해지며, 결국 아무런 행동도 하지 않는 심리적 마비 상태에 이르게 됩니다. 우리는 이 점을 결코 간과해서는 안 됩니다. 혼내기에 의존해 타인에게 부당한 방식으로 인내를 강요하는 행위는 곧 비수반적 스트레스를 유발하는 것이며, 그 누구도 그 속에서 진정으로 강해질 수는 없습니다.

## 중요한 자기 통제의 힘

셀리그만 박사와 연구진은 이후 약 50년에 걸친 장기 연구를 통해, 인간의 무력감과 통제감에 관한 중요한 사실을 밝혀냈습니다. 그 핵심은 다음과 같습니다.

뇌는 '고통을 통제할 수 있다'고 인식할 때 무력감이 해소된다.

인간의 뇌는 스트레스 상황에 직면했을 때 가장 먼저 '이 고통을 없애거나 완화할 방법이 있는가?'라는 질문을 던지며 해결책을 탐색합니다. 그리고 실제로 해결의 실마리를 찾았을 때 뇌는 스트레스 반응을 억제하는 방향으로 작동합니다. 이는 곧 뇌가 학습하는 것은 무력감이 아니라 '통제 가능성'이라는 뜻입니다.

인간은 처음부터 무력한 존재로 태어납니다. 그러나 성장 과정에서 환경에 개입하고, 문제를 해결하는 경험을 반복함으로써, 우리는 점차 '세상을 통제할 수 있다'는 감각, 즉 주체성을 후천적으로 습득하게 됩니다. 이러한 학습을 통해 우리는 무력감을 극복하고 고통을 견디면서도 주도적으로 행동할 수 있는 힘, 곧 자기 효능감과 회복 탄력성을 갖추게 됩니다.

자신을 둘러싼 환경과 타협하면서도 주체적으로 행동하는 능력, 그리고 문제를 해결하는 힘은 다음과 같은 모습으로 구체화됩니다.

- 상황을 적절히 판단하고, 실패 가능성이 높은 패턴을 회피하는 능력
- 감정이나 욕구에 휘둘리지 않고, 해야 할 일에 집중하는 힘
- 눈앞의 이익보다 장기적인 관점에서 행동을 선택하는 태도
- 시행착오를 겪더라도 끈기 있게 개선책과 해결책을 모색하는 태도

이러한 능력이 갖추어질 때, 인간은 환경에 수동적으로 반응하는 존재가 아니라, 능동적으로 문제를 해결하고 성장하는 존재가 됩니다. 이러한 능력을 우리는 흔히 '자기 통제력'이라 부릅니다.

복잡하고 불확실한 환경에서 적절히 대응하기 위해서는 자기 통제 능력이 필수적입니다. 학술적으로는 이를 실행 기능, 억제 기능, 자기 조절 능력 등으로 구분하며, 최근에는 뇌·신경과학 및 발달 심리학 분야를 중심으로 활발하게 연구되고 있습니다. 이러한 능력을 '비인지 스킬'이라는 용어로 접한 독자도 있을 것입니다.

이 지점에서 앞서 다루었던 방어 시스템과 모험 시스템의 작동 원리를 떠올리면 자기 통제력에 대한 이해가 한층 깊어집니다.

모험 시스템은 도파민 보상 회로를 중심으로 작동하며, 자기 통제력과 밀접하게 연관된 전두엽이 핵심 역할을 담당합니다. 반면

방어 시스템은 편도체와 섬피질을 중심으로 작동하며, 이 시스템이 과도하게 활성화되면 전두엽의 기능이 억제됩니다.

즉, 스트레스 상황에서 방어 시스템이 과도하게 작동하면, 자기 통제가 어려워지는 상태에 빠지게 되는 것입니다. 특히 자신이 통제할 수 없는 형태의 스트레스는 전두엽에 가장 부정적인 영향을 미치는 자극 중 하나로 알려져 있습니다. 장기적인 스트레스가 뇌에 미치는 영향은 아직 완전히 규명되지는 않았지만, 학습 능력과 자기 조절 능력을 저해할 가능성이 크다는 점은 다수의 연구를 통해 명확하게 지적되고 있습니다.

더욱이 전두엽은 인간의 뇌 중에서도 가장 늦게 발달하는 영역입니다. 일반적으로 20세 전후까지도 지속적으로 성장하는 것으로 알려져 있으며, 이는 곧 아이들의 전두엽이 외부 자극, 특히 스트레스 환경에 매우 민감하다는 것을 의미합니다.

따라서 아동에게 반복적으로 불합리하고 통제 불가능한 강한 스트레스를 경험하게 하는 것은, 학습과 성장 모두에 심각한 방해 요인이 될 수 있습니다.

인간은 세상에 태어날 때부터 완전히 수동적이고 의존적인 존재입니다. 영아기에는 스스로 환경을 조절하거나 통제할 수 없으며, 이 시기의 경험만으로도 수동성과 의존성은 자연스럽게 학습

됩니다. 그렇기에 '세상은 원래 부조리하니 지금부터 익숙해져야 한다'는 사고방식 아래, 일부러 불합리한 상황을 반복해서 겪게 할 필요는 없습니다.

오히려 중요한 것은 '자신이 환경에 개입하고 변화시킬 수 있다'는 감각, 즉 자기 통제의 힘을 키워주는 경험입니다. 바로 이 감각이야말로 인간을 진정으로 강하게 만드는 힘이라고 말할 수 있습니다.


## 하고 싶은 일이 아무것도 없다

이치에 맞지 않는 상황에서 지속적으로 '참는다'는 것은, 결국 뇌의 보상 회로가 활성화되는 모험 시스템의 기회를 박탈당하는 것과 같습니다. 이는 위험을 회피하거나 생존을 우선시하는 방어적 심리 상태에서는 '하고 싶다'는 감정 자체가 제대로 작동하지 않기 때문입니다.

특히 체념이 반복될 경우 '원하는 것', '하고 싶은 것'이라는 감정의 뚜렷함이 점차 흐려지거나 사라질 수 있습니다. 이러한 상태가 장기화되면 결국 자신이 무엇을 원하는지도 알 수 없는 '심리적 무감각' 상태에 이르게 됩니다.

모험 시스템은 인간의 자기 조절 능력 발달에 있어 핵심적인 역할을 수행하는 신경 체계입니다. 그리고 이 시스템이 적절히 작동하기 위해서는 무엇보다 충분한 경험과 시행착오의 기회가 필요합니다.

처음에는 누구나 서툴 수 있습니다. 감정에 치우쳐 적절하지 않은 행동을 하거나, 중장기적인 관점을 고려하지 못해 후회하는 일이 생기기도 합니다. 그러나 이러한 시행착오의 반복을 통해 인간은 상황에 맞게 자신을 조절하고 행동하는 방법을 점차 배우게 됩니다. 즉, 실패의 경험 또한 자기 통제를 학습하는 과정의 일부인 것입니다.

따라서 아이들에게 이러한 경험을 제한하거나 박탈하는 것은 단순히 욕구를 억제하는 차원을 넘어서 '욕구를 인식하고 실행하는 능력' 자체의 발달을 방해하는 일이 될 수 있습니다.

"지금은 참아야 할 때니까 어쩔 수 없어. 나중에 자유롭게 할 수 있는 때가 오면 그때 하고 싶은 것을 하면 돼."

이러한 사고방식은 겉보기에 합리적으로 들릴 수 있습니다. 그러나 여기에는 중요한 본질적 오해가 포함되어 있습니다. '하고 싶은 일을 하는 것'은 단순한 욕구 충족이 아니라 스스로 조절하고 선택하는 능력의 발현이라는 점입니다.

설령 시간이 흘러 외부 환경이 욕구 실현을 허용하게 되더라도 자기 조절 능력과 자율성이 형성되지 않았다면, 그 사람은 자유로운 환경에서도 무엇을 해야 할지 몰라 방황하게 될 가능성이 큽니다. 그 결과 원하는 것을 알면서도 행동으로 옮기지 못하거나, 욕구와 현실 사이의 균형을 조율하지 못하는 미성숙한 상태로 이어질 수 있습니다.

특히 오랜 시간 동안 모험 시스템이 억제된 채 살아온 경우, '내가 무엇을 하고 싶은지 모르겠다', '하고 싶은 게 없다'는 감정과 마주하게 될 수도 있습니다. 그리고 이 상태에서 벗어나기 위해서는 많은 시간과 정서적 에너지, 그리고 심리적 회복의 과정이 필요할 수 있습니다.

# 8 실수에서 회복하는 것,
왜 용서받지 못할까?

지금까지 우리는 엄벌주의와 불합리한 강요가 초래하는 다양한 폐해에 대해 살펴보았습니다. 우리 사회에는 엄격한 대응을 선호하는 분위기가 분명 존재합니다. 그러나 이러한 태도가 반드시 문제 해결로 이어지는 것은 아닙니다. 물론 많은 사람은 처벌이 필요하다고 여겨지는 대상에게 제재를 가하는 일에서 일종의 쾌감이나 감정적 해소를 경험하기도 합니다.

그러나 그 과정에서 타인에 대한 과도한 비난과 처벌이 '흥밋거리'처럼 소비되는 현상도 적지 않습니다. 또한 어떤 문제가 발생했을 때, 초기 대응이 미흡하다는 인식이 형성되면, 문제의 본질적 원인을 제공한 사람이 아니라 대응 과정에 관여한 이들이 오히려 비난과 책임의 대상이 되는 경우도 종종 있습니다.

# 흥밋거리로 변한 비난

## '두들겨도 되는 사람'으로 인정되는 것의 공포

연예인이나 유명인이 잘못을 저질렀을 때, 그 사실이 대대적으로 보도되고 대중의 거센 비난을 받는 장면은 이제 많은 이들에게 익숙합니다.

최근에는 SNS를 중심으로, 특정 인물에게 비판적인 댓글이 집중되는 '과잉 집중화' 현상이 빈번히 발생하고 있습니다. 이제 비난의 대상은 더 이상 유명인에 국한되지 않습니다. 일반인조차도 언제든지 표적이 될 수 있는 시대가 된 것입니다.

이러한 비난은 법을 어긴 범죄 행위뿐 아니라, 사소한 행동이나 발언 하나로도 쉽게 촉발됩니다. 그리고 그 비난은 단순한 비판을 넘어 인격 모독과 심각한 비방으로 확산되는 경우도 적지 않습니다. 그 결과 비난의 대상이 된 인물이 극단적인 선택에 이르는 비극적인 사례가 계속해서 발생하고 있습니다.

TV, 잡지 등 전통적인 언론 매체는 물론, SNS 같은 디지털 플랫폼에서도 비난, 집단적 공격, 온라인 괴롭힘이 일상처럼 반복되고 있으며, 이러한 행위는 점차 하나의 흥밋거리로 소비되는 양상을 보이고 있습니다. 타인의 고통을 지켜보며 쾌감을 얻는 이 심리 구조는 무의식적으로 반복되고 있으며, 이를 가리켜 현대판 콜로세움이라 표현해도 결코 과하지 않습니다.

이러한 집단적 비난은 단순한 감정 표현을 넘어 '그 사람은 마땅히 비난받아야 한다'는 암묵적인 공감대를 통해 정당화됩니다. 그리고 일단 누군가가 '두들겨도 되는 사람', 즉 사회적으로 허용된 비난의 대상으로 낙인찍히는 순간, 집단의 처벌 욕구는 폭발적으로 분출됩니다. 더욱이 이러한 심리는 적극적인 가해자뿐 아니라 주변의 방관자들까지도 비난의 흐름에 가담하게 만듭니다.

물론 이러한 처벌 감정은 공동체를 보호하고자 하는 본능적 반응으로 이해할 수 있습니다. 그러나 오늘날의 집단 비난, 온라인 마녀사냥, 과잉 처벌 심리는 결국 갈등과 분열을 증폭시키며, 공동체를 해치는 방향으로 작용하는 경우가 점차 늘어나고 있습니다.

## 현대의 커뮤니티에서 처벌 욕구가 폭주하는 모습

왜 우리는 이처럼 처벌 욕구에 사로잡히게 된 것일까요?

그 이유 중 하나는, 커뮤니티의 규모가 지나치게 확대되었기 때문이라고 볼 수 있습니다. 인간은 본래 좁은 공동체 내에서 서로의 얼굴을 보고, 목소리를 들으며 직접적으로 소통하는 환경에서 살아가도록 진화해 왔습니다.

이러한 한정된 공간에서는 설령 누군가의 처벌 욕구가 과도하게 표출되더라도, 주변 사람들의 시선과 반응이 자연스럽게 이를 억제하는 역할을 했을 가능성이 큽니다. 또한 처벌 욕구는 원래 실제 피해자에게만 허용된 감정이었으나, 관찰자나 제삼자에게는 그 표현이 자연스럽게 자제되거나 제한되어 있었을지도 모릅니다. 공동체 전체가 피해자가 되어 공통의 분노를 표현하는 경우라 해도, 그 규모는 통상 수십 명, 많아야 수백 명 수준에 그쳤습니다.

그러나 오늘날은 상황이 완전히 달라졌습니다.

과학 기술과 커뮤니케이션 도구의 발달로 인해, 우리는 이제 물리적 거리를 초월해 언제 어디서나 타인을 '처벌'할 수 있는 환경에 놓이게 되었습니다. 누군가가 단 한 번 '비난받아도 되는 사람'으로 낙인찍히는 순간, 수천, 수만 명의 사람이 댓글, 게시물, 공유

등을 통해 일제히 비난과 공격의 메시지를 쏟아내는 일이 가능해진 것입니다.

이러한 변화는 사람들의 처벌 욕구가 쉽게 폭주할 수 있는 조건을 만들어 냈습니다. 그리고 이 욕구가 반복적으로 충족되기 시작하면 사람들은 점점 더 혼내기를 통해 문제를 해결하려는 방식에 의존하게 되고, 그로 인해 자신의 감정을 다루는 능력 또한 약화되기 쉽습니다.

인터넷과 SNS가 발달한 현대 사회에서는 눈앞에 있는 사람뿐만 아니라, 멀리 떨어진 타인에게도 '그는 처벌받아 마땅하다'는 판단을 내리고, 이를 바탕으로 공격하거나 규탄하는 행동을 일상적인 행위로 이어가게 됩니다. 이제 우리는 묻지 않을 수 없습니다.

"현대의 커뮤니티는 과연 개인의 감정 조절 기제를 무너뜨리고, 처벌 욕구가 끊임없이 증폭되고 소비되는 구조를 만들어 가고 있는 것은 아닐까요?"

# 재범 방지와 성장을 지원하는 시스템이
# 부족한 한국의 형법 시스템

## 영화 프리 철수 리(Free Chol Soo Lee)에서

영화 〈프리 철수 리(Free Chol Soo Lee)〉는 억울하게 살인 혐의로 누명을 쓰고 투옥된 한 이민자 청년, 철수 리의 실화를 바탕으로 한 다큐멘터리입니다. 이 작품은 단순히 한 사람의 억울한 사건을 조명하는 데 그치지 않고, 그의 삶을 통해 교정 시스템과 사회적 편견의 이면을 깊이 있게 들여다봅니다.

영화는 교도소 안에서 철수 리가 겪는 일상과 심리적 여정을 섬세하게 포착합니다. 그는 수감 생활 속에서 자신의 과거를 직면하고, 주변 사람들과의 관계를 통해 삶의 의미와 방향을 새롭게 모색해 나갑니다. 이 여정은 단순한 개인의 회복을 넘어, 교도소를 처벌의 공간이 아니라 성찰과 재탄생의 가능성이 열리는 장소로 재해석하게 만듭니다.

철수 리의 이야기는 재범 방지와 재사회화를 위한 교정 철학의 중요성을 다시금 일깨우며, 많은 이에게 깊은 감동과 울림을 선사합니다. 그러나 이러한 메시지에도 불구하고, 한국의 교정 시스템은 여전히 형벌 중심 구조에 머물러 있으며, 수감자의 재활을 체계적으로 지원하는 데에 한계가 있다는 비판을 받고 있습니다.

회복과 변화의 가능성이 실현될 수 있는 환경 조성의 필요성은 점점 더 커지고 있습니다. 바로 이 지점에서 〈프리 철수 리〉는 우리 사회에 의미심장한 질문을 던지는 작품이 됩니다.

"우리는 과연 처벌 이후의 삶에 대해 얼마나 진지하게 고민하고 있는가?"


## 처벌을 가하면 반성할 것이라는 환상

한국의 교도소가 갱생과 성장을 체계적으로 지원하지 못하고 있다는 사실은, 현재의 교정 제도가 여전히 처벌 중심에 머물러 있음을 단적으로 보여주는 사례입니다. 물론 범죄에 대한 일정 수준의 처벌은 필요합니다. 행위에 책임을 묻고 사회 질서를 유지하기 위해 일정한 형벌과 제재가 불가피한 측면이 있는 것도 사실입니다. 특히 중형이 범죄 예방에 일정 부분 효과가 있다는 주장에도 일정한 근거가 있습니다.

그러나 이미 범죄를 저지른 사람의 '변화'라는 관점에서 본다면 처벌이 할 수 있는 일은 매우 제한적입니다. 앞서 언급했듯이 처벌만으로는 사람을 변화시키기 어렵습니다. 다소 강한 표현일 수 있으나, 처벌만으로는 긍정적인 학습이나 성장을 유도하는 일은 현실적으로 거의 불가능합니다.

'엄한 벌을 받으면 깊이 반성하고 더 나은 방향으로 나아가게 될 것이다'라는 믿음은 일종의 심리적 환상에 불과할 수 있습니다. '처벌을 통해 정의가 실현된다'는 생각 역시 실질적 변화보다는 정서적 만족감이나 도덕적 위안을 얻기 위한 수단으로 작동하는 경우가 많습니다.

그러나 진정한 변화는 처벌로부터 비롯되지 않습니다. 사람이 변화하기 위해서는 무엇보다 자신을 있는 그대로 받아주는 관계, 그리고 정서적으로 지지받고, 사회적으로 다시 설 수 있는 기회와 지원이 보장되는 환경이 필요합니다.

따뜻한 관계 속에서 자신을 돌아볼 기회, 그리고 실패 이후에도 다시 살아갈 수 있다는 희망이 주어질 때, 비로소 변화는 시작됩니다.

## 가해자에 대한 지원이라는 과제

여기서 다시 한번 생각해 보아야 할 점은, 바로 혼내기, 즉 부정적인 감정을 이용해 사람을 통제하려는 방식이 실제로 어떤 효과를 가져오는가 하는 질문입니다. 이러한 방식은 일시적인 위기 개입이나 즉각적인 억제에는 어느 정도 효과가 있을 수 있습니다. 그러나 이미 잘못을 저지른 사람, 특히 가해자의 회복과 변화에는 거의 도움이 되지 않습니다.

이런 점을 고려할 때 과오를 저지른 사람, 즉 가해자의 회복을 지원하고 사회 복귀를 돕는 일은 우리 사회에서 여전히 매우 어렵고 민감한 과제로 여겨질 수밖에 없습니다. 대부분의 범죄에는 피해자가 존재하며, 그 피해자가 느끼는 처벌 욕구는 마땅히 존중받아야 할 권리입니다.

만약 누군가가 저의 사랑하는 가족을 부당하게 앗아갔다면, 저역시 '처벌 욕구 충족'이라는 표현을 차분하게 받아들일 자신이 없을 것입니다. 오히려 그 표현 자체에 분노를 느낄 만큼 격렬한 감정에 휩싸이고, 가해자가 엄중한 처벌을 받기를 간절히 바랄지도 모릅니다. 이러한 감정은 받아들이기 힘든 현실을 견디기 위한 인간의 본능적 자기 치유 과정이라고도 할 수 있습니다.

그러나 동시에 우리는 다음의 사실 또한 직시해야 합니다. 형벌 중심의 대응은 가해자의 갱생과 회복, 더 나아가 재범 방지를 위한 노력과 자주 충돌하는 지점에 놓여 있습니다. 이 문제는 단순히 선과 악의 구도로 해결할 수 있는 사안이 아니며, 깊은 사회적 딜레마이자 감정과 이성, 정의와 회복이 충돌하는 복잡한 문제입니다. 그렇기에 이해관계가 없는 방관자에 의한 분풀이식 처벌 강화, 즉 엄벌주의의 감정적 소비는 반드시 경계되어야 합니다.

이를 위해서는 우리 사회 전체가 혼내기에 의존하는 문화가 어떤 결과를 초래하는지에 대해 진지하게 되돌아보고, 그 악순환을 끊기 위한 사고의 전환이 필요합니다.

그래서 저는 이러한 문제의식을 바탕으로, 혼내기라는 방식이 개인과 사회에 어떤 영향을 미치는지를 널리 알리고, 함께 고민할 수 있는 작은 계기를 만들고자 이 책을 집필했습니다.

독자 여러분은 어떻게 생각하시나요?

"우리는 정말 사람을 바꾸고 싶은 것인가요,

아니면 단지 혼내고 싶은 것인가요?"

이제는 진지하게 묻고 대답해야 할 때입니다.

# PART 4

# 혼내기에 의존하지
# 않기 위해

---

## 혼내기에 대해 제대로 이해하기

'혼낸다'는 행위는 결코 낯선 것이 아닙니다. 그러나
지나치게 익숙한 탓에 그 의미를 깊이 성찰하는 일은
드뭅니다. 이제 이 오래된 통제 방식을 다시 고찰하
고자 합니다. 우리가 오랫동안 외면해 온 것, 그리고
이제는 반드시 직면해야 할 질문들이 있기 때문입니다.

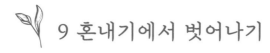

# 9 혼내기에서 벗어나기

혼내기에 의존하는 사회를 예방하기 위해서는, 무엇보다 사회 전반의 시각에서 이 문제를 재조명하는 작업이 필요합니다.

기존의 질책 중심 문화와 '혼내야 변한다'는 통념을 비판적으로 성찰하고, 그 대신 보다 건강하고 건설적인 사고방식이 확산될 수 있는 기반을 조성해야 합니다.

물론 이러한 변화는 결코 단기간에 이루어질 수 있는 과제가 아닙니다. 그러나 작고 꾸준한 변화가 축적된다면 우리는 지금과는 전혀 다른 방향의 사회를 충분히 만들어 갈 수 있을 것입니다.

# 전반적인 관점
## – 사회 상식 변화시키기

### 소박한 이론과의 싸움

사회가 발전하려 할 때 가장 큰 장애물 중 하나는, 개인이 실제로 느끼는 감각이나 경험에 기반한 판단, 즉 경험칙입니다. 이러한 실감이나 경험칙에 기반하여 형성되는 단순하지만 때로는 잘못된 인식을 우리는 '소박한 이론'이라고 부릅니다.

잘 알려진 소박한 이론의 예는 다음과 같습니다.

- 우리는 평평한 땅 위에서 살고 있다.
- 초파리는 아무것도 없는 곳에서 자연적으로 생겨난다.

그러나 실제로 지구는 구(球) 형태이며 생명은 무(無)에서 저절로 발생하지 않습니다. 오늘날 우리는 이러한 인식이 과거의 오류였음을 잘 알고 있습니다. 그렇다고 해서 일상 속에서 '나는 지금 구체 위에 서 있다'는 실감을 하며 살아가는 것은 아닙니다. 우리의 감각은 여전히 땅을 평평하게 느끼고 수평선 너머의 바다는 신비

롭고 멀게 다가옵니다. 마찬가지로 잠시 방치해 둔 음식물 쓰레기에 초파리가 몰려드는 모습을 보면, 정말로 아무것도 없는 곳에서 생겨난 것이 아닌가 하는 착각을 하게 될 수도 있습니다.

이처럼 지식을 알고 있는 것과 실감하는 것 사이에는 분명한 간극이 존재합니다. 만약 우리가 실감이나 경험칙만을 정답처럼 여긴다면, 오늘날에도 여전히 지구는 평평하고 생명은 무에서 생겨난다고 믿고 있을지도 모릅니다.

혼내기에 대한 인식 역시 이러한 소박한 이론과의 싸움이라 할 수 있습니다. 혼내기가 효과적이라고 여겨지는 이유는 '혼냈더니 바로 조용해졌다', '그랬더니 반응이 왔다'와 같은 즉각적인 실감에 기반하고 있기 때문입니다. 그러나 이와 같은 실감은 일시적인 반응일 수 있으며, 실제로 아이의 정서나 행동 발달에는 부정적인 영향을 줄 수도 있습니다. 결국 혼내기 문제의 핵심적인 쟁점은 개인의 실감과 실제로 벌어지는 일 사이의 괴리에 있습니다.

따라서 이제는 혼내기에 대한 인식을 보다 객관적이고 체계적인 관점으로 전환하려는 노력이 필요합니다. 앞으로는 이러한 인식의 전환을 위해 사회 전체가 함께 고민해야 할 몇 가지 중요한 점을 살펴보고자 합니다.

## 고통과 성장에 대한 잘못된 인식에서 벗어나기

첫 번째로 중요한 과제는 '사람은 고통 없이는 변화하거나 성장할 수 없다'는 오래된 통념, 즉 깊이 뿌리내린 '고통 신화'에서 벗어나는 일입니다. 이 인식이 왜 잘못되었는지는 앞서 충분히 살펴보았기에, 이제는 조금 다른 시각에서 변화와 성장에 필요한 진정한 엄격함이 무엇인지에 대해 살펴보고자 합니다.

혼내기를 피하려 할 때 흔히 제기되는 반론으로는 "그렇다면 아이를 오냐오냐 키우라는 말인가?", "엄격함을 포기하라는 뜻인가?" 등이 있습니다. 실제로 스포츠, 교육, 육아의 현장에서는 다음과 같은 고정관념이 여전히 작동하고 있습니다.

- 엄격하게 하지 않으면 강해지지 않는다.
- 엄격하게 하지 않으면 잘못된 길로 빠진다.
- 엄격하게 하지 않으면 나약한 아이로 자란다.

그러나 혼내는 것과 엄격함을 동일시하는 전제 자체가 잘못된 인식입니다. 엄격함이란 타협하지 않는 태도와 높은 기대 수준을 일관되게 유지하는 것을 의미하며, 이는 상대에게 부정적인 감정을 주지 않고도 충분히 가능합니다. 다시 말해 엄격함은 혼내기나 고통과는 본질적으로 다른 개념입니다.

고통이 성장을 촉진할 수 있는 경우는 타인이 외부에서 고통을 가할 때가 아니라, 당사자가 자발적으로 의미 있는 목표를 향해 도전하고 그 과정을 극복해 나갈 때입니다. 심리학적으로는 이러한 상태를 보상 체계가 활성화된 모험 모드라고 부릅니다.

이때 주변 사람이 해줄 수 있는 가장 중요한 역할은, 당사자가 진정한 의미를 느끼는 목표를 설정할 수 있도록 돕고, 그 목표를 향해 나아갈 수 있도록 자원과 방향을 제공하는 것입니다. 거듭 강조하듯 엄격한 지도는 혼내지 않고도 충분히 가능합니다.

여기에서 우리는 고통 신화의 또 다른 측면에도 주목할 필요가 있습니다. 혼내기에 대한 의존은 궁극적으로 '부정적 감정이 더 효과적이다'는 믿음에 바탕을 두고 있습니다. 이는 긍정적 감정에 기반한 관계 맺기 방식에 대한 불신이 내면화되어 있다는 의미이기도 합니다.

그렇다면 사람들은 왜 긍정적 감정의 효과를 믿지 못하는 것일까요? 이는 부정적 감정이 즉각적인 반응을 유발하는 반면, 긍정적 감정은 그 효과가 천천히 그리고 누적적으로 나타나기 때문입니다. 모험 모드에서 활성화되는 학습 체계는 보상을 기대하며 반복 행동을 강화하는 특성을 지닙니다. 그러나 긍정적 감정은 그 과정에서 즉각적인 보상을 주지 않기 때문에, 효과를 체감하려면 시간이 필요합니다. 이로 인해 긍정적 감정에 기반한 의사소통 방식은, 혼내기와 같은 부정적 감정 기반 방식에 비해 효과가 떨어지는 것처럼 오해받기 쉽습니다. 따라서 혼내기에 대한 의존에서 벗어나기 위해서는 '혼내야 학습이 된다', '혼내야 성장한다'는 단순한 통념을 넘어서는 사고의 전환이 필요합니다.


## 처벌 욕구와 마주하기

사회가 개선해야 할 두 번째 중요한 과제는, 처벌 욕구가 인간의 본능 중 하나임을 인정하는 일입니다. 사람은 누군가가 마땅히 벌을 받아야 한다고 느낄 때, 직접적인 피해를 입지 않았더라도 그를 처벌하고 싶은 충동을 느낄 수 있습니다. 때로는 실제로 처벌이 이루어지는 장면을 보며 일종의 심리적 쾌감을 경험하기도 합니다.

물론 처벌 욕구는 식욕이나 수면욕처럼 생존에 필수적인 생리적 욕구는 아닙니다. 또한 그 강도와 표현 방식은 사람마다 다르게 나타납니다. 그러나 이 욕구 역시 인간의 기본적인 감정 체계의 일부로, 공동체의 규범을 유지하고 사회적 질서를 형성하는 데 일정한 기능을 해 왔을 가능성이 큽니다.

이러한 점에서 처벌 욕구가 인간의 본능적 감정이라는 사실을 인정한다면, 다음 단계는 이 욕구를 어떻게 건강하고 안전한 방식으로 해소할 수 있을지 모색하는 것입니다. 이는 다른 본능적 욕구를 조절하는 방식과도 유사합니다. 우리는 배설을 정해진 장소에서 하고, 아무리 배가 고파도 타인의 음식을 함부로 먹지 않으며, 성적 욕구 역시 사회적·도덕적 기준에 따라 통제합니다. 이와 마찬가지로 처벌 욕구 역시 이성적 판단과 사회적 합의에 기반하여 조절되어야 하는 감정입니다.

그러나 문제는 이 욕구가 오랫동안 본능적 감정으로 인식되지 않았기 때문에, 그 해소 방법이나 조절 방식에 대한 사회적 논의와 연구가 충분히 이루어지지 않았다는 점입니다. 더욱 심각한 것은 이 욕구가 통제되지 않을 경우 무분별하게 분출되어 타인에게 심각한 상처를 입히거나, 극단적인 경우 생명을 위협하는 행동으로까지 이어질 수 있다는 사실입니다. 이는 어떤 이유로도 정당화될 수 없습니다.

특히 주목해야 할 점은 처벌 욕구가 통제력을 잃었을 때 나타나는 전형적인 인지 왜곡의 패턴입니다. 본래는 개인적인 감정에 불과했던 욕구가 정의 실현이라는 명목으로 포장되면서, 마치 사회적으로 정당한 행위인 것처럼 인식되는 현상이 그것입니다.

이로 인해 사람들은 자신이 타인을 처벌하는 이유가 공공의 이익을 위한 것이라 믿게 되고, 그 감정의 폭주를 더 이상 제어하지 못하게 됩니다.

그러나 이러한 믿음은 결국 자신의 감정을 사회적 정의로 오해한 것에 지나지 않습니다. 이는 앞서 살펴본 소박한 이론과 유사한 인식의 오류라 할 수 있습니다. 따라서 우리는 자신의 처벌 욕구를 명확히 인식하고, 그것이 진정으로 정의에서 비롯된 것인지, 아니면 정당성이라는 외피를 쓴 감정적 분출에 불과한 것인지를 끊임없이 냉정하게 되물어야 합니다.

## 혼내지 않고는 못 배기는 사람에 대한 지원

이 책에서는 혼내기에 일관적으로 의존하는 것이 초래하는 폐해와 문제점을 지속적으로 지적해 왔습니다. 그러나 이러한 비판은 혼내는 사람을 또다시 혼내기 위한 것이 아닙니다. 그런 방식으로는 어떤 문제도 근본적으로 해결할 수 없기 때문입니다.

사회가 개선해야 할 세 번째 중요한 과제는, 혼내지 않고는 견디기 어려운 사람들에 대한 지원과 교육의 필요성을 인식하는 일입니다. 이 문제를 다룰 때 반드시 기억해야 할 중요한 사실이 있습니다. 혼내는 행동을 반복하는 사람들 중 상당수는 그럴 수밖에 없는 심리적·사회적 배경을 지니고 있습니다. 이들은 종종 받아들이기 힘든 현실을 안고 살아가며, 과거에 자신 또한 자주 혼나며 성장한 경험을 가진 경우가 많습니다. 그 결과 혼내는 방식 외에 다른 소통이나 지도 방법을 배울 기회조차 없었을 가능성도 큽니다. 이들에게는 '혼내지 않고도 사람을 변화시킬 수 있다'는 생각 자체가 낯설고 생소하게 느껴질 수 있습니다.

따라서 혼내지 않고는 견디기 어려운 사람이 변화하기 위해 필요한 것은 비난이 아니라, 적절한 지원과 교육입니다. 때로는 당사자 스스로조차 자신에게 도움이 필요하다는 사실을 인식하지 못하거나, 오히려 강하게 부정하기도 합니다. 그만큼 혼내기에 깊이 의존하는 사람을 돕는 일은 결코 단순하지 않습니다.

이 문제는 단지 개인의 태도나 성향에 국한된 것이 아닙니다. 폭력의 대물림, 감정 조절 능력의 결핍, 권위적인 문화 구조 등 여러 사회적 요인과 깊이 연결되어 있는 주제입니다. 그렇기에 혼내는 사람을 단순히 비난하거나 배척하는 방식으로는, 그들이 그러한 행동을 멈추지 못할 것입니다. 이제는 사회 전체가 이들에게 비난이 아닌 교육과 회복의 기회를 제공해야 할 필요성을 진지하게 받아들여야 합니다.

# 세부적인 관점
## – 혼내기와 조화 이루기

이제부터는 혼내기를 개인의 행동 차원에서 바라보며 혼내기에 의존하지 않기 위한 구체적인 방법을 함께 살펴보겠습니다.


## 혼내는 자신을, 혼내지 않기 위해서

혼내는 자신에 대해 고민할 때 가장 흔히 빠지기 쉬운 함정은, 바로 자신을 또다시 혼내는 일입니다. 자신이 지나치게 혼냈다는 이유로 죄책감에 빠지거나 반성하는 태도를 취하는 것은, 겉보기에는 바람직하고 책임감 있는 모습처럼 보일 수 있습니다. 그러나 이러한 태도는 실제로 혼내기에서 벗어나는 데 큰 도움이 되지 않습니다.

혼내기를 점진적으로 놓아가는 접근이 중요합니다. 하고 싶은 말을 억지로 참거나, 혼내는 행동을 강제로 억제하려는 시도는 장기적으로 효과가 낮을 뿐만 아니라, 오히려 혼내고 싶은 충동을 더 강하게 만들 수 있습니다. 혼내는 행동은 억누를수록 되레 반복하기 쉬운 악순환을 초래합니다. 진정으로 중요한 것은, 혼내지 않아도 되는 상태가 자연스럽게 찾아오도록 유도하는 것입니다.

조금 더 구체적으로 말하면, "어느 순간 보니 거의 혼내지 않게 되었다"는 변화가 바람직한 모습입니다. 반면 "억지로 혼내고 싶은 마음을 참아냈다"는 방식은 지속 가능하지 않습니다.

"혼내는 것을 놓아주자"라는 말을 들었을 때, 여러분은 어떤 기분이 드시나요? 만약 혼낼 일이 거의 없다고 느껴진다면, '사전 판단' 단계부터 살펴보는 것이 도움이 될 수 있습니다. 반대로 혼낼 일이 많지만, 혼내기를 줄이고 싶다는 생각을 해 왔다면, 곧 소개될 '혼낼 때 주의해야 할 점'을 먼저 읽어 보시기를 권합니다.

그러나 혼내기를 멈춘다는 것 자체가 상상되지 않거나, 그 생각이 두렵고 낯설게 느껴진다면, 그만큼 지금 혼내기에 얼마나 깊이 의존하고 있는지를 진지하게 돌아볼 필요가 있습니다. 무의식적으로 혼내기의 효과를 과신하고 있을 경우, 혼내지 않고 문제를 해결하는 방식 자체가 아예 상상되지 않게 되며, 그 결과 혼내기를 멈추려는 순간 강한 두려움과 저항감을 느끼게 됩니다.

그러나 여러분이 진정으로 바라는 목표, 즉 상대방의 학습과 성장을 촉진하는 일을 떠올려 본다면, 혼내기는 그 목적에 있어 매우 비효율적이고 부작용이 큰 방식이라는 사실을 알 수 있습니다. 안타깝게도 학습과 성장을 촉진하는 효과적인 혼내기 방법은 존재하지 않습니다. 그 대신 혼내는 행동을 점진적으로 줄여 나가기 위한 실질적인 요령과 주의사항은 분명 존재합니다. 다음에서는 혼내기를 서서히 놓아가기 위한 준비 단계로서, 유의해야 할 사항을 정리하여 소개하겠습니다.

## 혼낼 때 주의해야 할 점

혼내기를 사용할 때 가장 중요한 것은 '어떻게 시작하느냐'보다 '어떻게 마무리하느냐'입니다. 혼내기가 실제로 유효한 경우는 매우 제한적이며, 다음 두 가지 상황에 해당합니다.

1. 눈앞의 위험한 상황에 즉각 개입해야 할 때
2. 특정 행동을 단기적으로 억제할 필요가 있을 때

이 두 가지 상황을 벗어나면 혼내기의 효과는 크지 않으며, 오히려 부작용을 초래할 가능성이 높습니다. 혼내기를 사용할지 여부를 판단할 때는 자해나 타해의 위험 여부를 기준으로 삼는 것이 적절합니다.

자신이나 타인이 다치거나 피해를 입을 수 있는 경우에는 즉각적인 대응이 필요하며, 이때 혼내기는 응급적인 조치로 작동할 수 있습니다. 그러나 이 역시 어디까지나 일시적인 대응 수단에 불과하며, 문제 행동이 멈춘 이후에는 혼내기도 함께 종료되어야 합니다. 예를 들어,

- 위험한 곳에 올라갔다면 내려온 순간,
- 소란을 피우다 멈췄다면 조용해진 순간,
- 공격적인 행동이 멈췄다면 그 즉시,

혼내기를 중단하는 것이 바람직합니다.

자해나 타해의 위험이 사라진 이후에도 혼내기를 계속하는 것은 불필요할 뿐 아니라 해로울 수 있습니다. 혼내는 행위는 때로 혼내는 사람에게 감정 해소나 통제감을 제공하기도 하며, 이로 인해 상황이 종료되었음에도 혼내기가 계속 이어지는 경우가 많습니다.

이러한 현상은 어린이와의 관계뿐만 아니라 성인 간의 관계—예컨대 직장 내 상하관계, 연인, 가족 간의 관계에서도 흔히 나타납니다. 하나의 실수를 계기로 과거의 무관한 사건까지 끌어내어 상대를 지속적으로 질책하는 경우, 혼내기는 더 이상 상대를 위한 행동이 아니라, 혼내는 사람의 감정을 해소하는 수단으로 변질됩니다. 자신을 과도하게 비난할 필요는 없습니다. 그러나 상황이 이미 해결된 후에도 혼내기를 계속하고 있는지 인식하고, 이를 자

제하려는 노력은 반드시 필요합니다.

혼내기의 억제 효과는 특정 행동을 피하도록 유도하는 데 일정한 역할을 할 수 있습니다. 이는 사람이 고통스러운 결과를 예측할 때 해당 행동을 회피하려는 경향이 있기 때문입니다. 중요한 것은 실제 고통을 주는 것이 아니라, 그 고통이 예측 가능하도록 하는 것입니다. 따라서 효과적인 억제를 위해서는 사전 예고가 필수적입니다. 어떤 행동이 혼내는 결과로 이어지는지를 미리 명확히 알려주는 것이 중요합니다. 예고 없이 갑작스럽게 혼내거나 벌을 주는 방식은 억제 효과를 약화시킵니다. 상대는 방어적으로 반응하거나 문제 행동을 숨기려 할 수 있습니다.

실제로 혼내야 할 상황이 발생했다는 것은, 사전에 문제를 예방하거나 조율하는 데 실패했음을 의미하는 경우가 많습니다. 혼내기를 통해 얻을 수 있는 효과는 원치 않는 행동의 억제에 한정되며, 새로운 행동을 학습하거나 긍정적인 태도를 내면화하는 데는 거의 도움이 되지 않습니다.

이러한 이유로 혼내야 할 행동에 대한 경고와 함께, 무엇이 바람직한 행동인지, 어떤 가치나 태도를 중요하게 여겨야 하는지 등 긍정적인 학습 목표를 별도로 안내하는 과정이 반드시 필요합니다.

다만 혼내는 상황에서는 상대의 감정이 고조되어 있고 방어 기제가 활성화된 상태이므로, 이 시점에서는 중요한 메시지가 제대로 전달되기 어렵습니다. 따라서 긍정적인 지도와 교육은 감정이 진정된 이후, 안정적인 상황에서 별도로 이루어지는 것이 바람직합니다.

## 혼내기 내려놓기

지금까지는 혼내기를 습관적으로 사용하지 않기 위한 방법을 살펴보았습니다. 이제부터는 혼내기를 자연스럽게 내려놓기 위해 필요한 태도와 관점에 대해 이야기하고자 합니다.

무엇보다 중요한 출발점은 자신이 '권력자'라는 사실을 자각하는 것입니다. 혼내는 사람은 크든 작든 상대에게 영향력과 권력을 가진 존재입니다. 혼내기는 흔히, 바람직하다고 여기는 미래의 모습과 현재 사이의 간극을 바로잡고자 할 때 발생합니다.

따라서 혼내기를 멈추기 위한 첫 번째 태도는, 자신이 기대하는 바람직한 모습이 실제로 적절하고 타당한 것인지 되돌아보는 것입니다. 혼내는 행위는 쉽게 상대가 잘못했다는 판단으로 이어집니다. 그러나 잊지 말아야 할 점은, 그 '바람직함'이란 어디까지나 혼내는 사람의 기대일 수 있다는 사실입니다.

물론 부모가 자녀에게, 상사가 부하 직원에게, 교사가 학생에게 기대를 품는 것은 자연스러운 일입니다. 그러나 "이렇게 되었으면 좋겠다"는 바람이 "이래야 한다"는 명령으로 바뀌는 순간, 그 기대는 혼내기의 근거가 되며, 권력자의 바람은 절대적인 기준처럼 작용하게 됩니다. 특히 "보통은 다 한다", "상식적으로 생각해라", "이것은 당연한 것이다"와 같은 표현은 혼내는 사람의 기준을 보편적인 진리처럼 포장하는 언어입니다. 이러한 말은 혼내는 사람의 욕구를 상대의 문제로 전가시킵니다. 그 결과 혼내기는 점검되지 않은 전제로 굳어지며, 그에 대한 의존은 더욱 깊어지게 됩니다.

권력을 가진 사람은 자신의 기대에 대해 책임 있는 태도를 가져야 합니다. '보통', '상식', '당연함'이라는 추상적인 기준 뒤에 숨기기보다는, "나는 이렇게 생각해요", "내가 기대하는 것은 이거예요"처럼 자신을 주어로 삼는 표현을 사용하는 것이 중요합니다. 혼내는 사람이 자신을 주어로 인식하는 순간, 비로소 상대 역시 하나의 주체로 떠오르게 됩니다.

혼내는 상황에서는 상대의 바람이나 기대가 무시되거나 가볍게 여겨지기 쉽습니다. 그러나 상대 역시 자신만의 미래와 바람직한 모습을 지닌 주체입니다. 이 점이 존중되지 않으면, 혼내기는 반복되고 관계는 일방적 통제로 기울게 됩니다.

혼내는 사람과 혼나는 사람이 각자의 입장을 명확히 하고 서로의 기대와 바람을 조율하려고 노력할 때, 혼내지 않고도 관계를 유지하고 변화를 이끌어내는 것은 충분히 가능합니다. 중요한 것은 '누구의 바람인지'를 분명히 하고 그 바람을 함께 이야기할 수 있는 구조를 만드는 것입니다. 혹시 혼내기 대신 어떤 대화를 시도해야 할지 막막하다면, 다음과 같은 질문으로 시작해 보시기 바랍니다.

"너는 어떻게 하면 좋겠다고 생각해?"

"앞으로 어떻게 되는 게 가장 좋을까?"

명확한 답이 바로 돌아오지 않더라도 괜찮습니다. 당신이 상대의 바람도 존중하려는 태도를 갖고 있다는 사실 자체가, 이미 중요한 메시지를 전달하고 있기 때문입니다.


## 뉴로다이버시티적 인간 이해란 무엇일까?

'보통', '상식', '당연함'이라는 기준에서 벗어나는 가장 효과적인 방법은 인간의 다양성을 이해하는 것입니다. 모든 사람에게 동일하게 적용되는 절대적인 기준은 존재할 수 없습니다. 이는 인간이 본질적으로 다양하고 개성적인 존재이기 때문입니다.

이러한 시각을 잘 반영하는 개념이 바로 '뉴로다이버시티(신경다양성)'입니다. 이 개념은 본래 자폐 스펙트럼 당사자들의 권리 운동에서 비롯되었으나, 오늘날에는 발달장애를 포함한 모든 인간의 뇌와 신경 체계의 작동 방식에서 비롯되는 다양성을 인정하는 시각으로 확장되고 있습니다. 다시 말해 뉴로다이버시티는 단순한 장애의 구분을 넘어, 인간의 신경학적 차이를 존중하는 하나의 인식 틀로 자리 잡고 있습니다.

뉴로다이버시티는 인간의 차이를 장애나 재능의 우열로 평가하지 않으며, 정보를 인식하고 처리하는 방식의 다양성으로 이해합니다. 다시 말해 이러한 차이는 고쳐야 할 결함이 아니라, 인간 존재의 자연스러운 변이로 간주됩니다. 최근의 뇌과학 연구 또한 이러한 관점을 뒷받침하고 있습니다.

인간은 현실을 있는 그대로 경험하는 것이 아니라, 뇌가 감각 정보를 해석하고 구성한 가상의 이미지를 현실로 인식하며 살아갑니다. 예를 들어 시각 정보를 살펴보면, 눈을 통해 들어온 정보는 뇌에서 형태, 색깔, 움직임, 기울기, 깊이 등으로 나뉘어 처리된 후 하나의 영상으로 통합되어 우리가 '보는 것'으로 인식됩니다. 즉, 같은 장소에서 같은 장면을 보고 있더라도 각자가 인식하는 현실은 다를 수 있습니다.

이러한 차이는 신경학적으로 소수에 속하는 사람들뿐 아니라,

일반적으로 '정상'으로 분류되는 사람들 사이에서도 존재합니다. 예컨대 자폐 스펙트럼 당사자들은 사람보다 사물에 더 주의를 기울이며, 보다 정확하고 충실하게 세상을 인식하려는 경향이 있다는 연구 결과는 이러한 신경다양성의 한 예를 잘 보여줍니다.

그러나 정보 처리 방식의 다양성은 특정 집단에만 해당하는 특성이 아닙니다. 일반적으로 '정상'이라 여겨지는 범주 내에서도 정도와 양상의 차이는 분명히 존재하며, 이러한 다양성은 모든 인간에게 공통적으로 나타나는 현상입니다. 이러한 차이는 단지 정보를 받아들이는 방식에 그치지 않고, 학습 방법, 감각 민감도, 관심이 향하는 대상, 스트레스에 대한 반응 방식 등, 인간의 전반적인 경험 영역에서 폭넓게 드러납니다.

부모와 자녀, 형제자매와 같은 가까운 관계에서도 정보 처리 방식은 크게 다를 수 있으며, 이러한 차이는 종종 상호 이해의 어려움이나 자신의 기준을 상대에게 강요하는 상황으로 이어지기도 합니다. 따라서 우리는 어떤 행동이나 태도가 '정상' 혹은 '이상적'이라고 단정되기 전에, 그 판단의 근거가 과연 타당한 것인지 끊임없이 점검할 필요가 있습니다. 자신의 경험이나 일반적인 기준만으로 타인을 규정하기보다는, 상대가 어떤 방식으로 세상을 인지하고 있는지를 이해하려는 태도가 필요합니다.

# 사전 판단
## – 문제 발생 전에

여기에서는 혼내기를 자연스럽게 내려놓기 위해 반드시 필요한 '사전 판단'의 중요성에 대해 살펴보고자 합니다.

혼내기라는 행위는 문제가 발생한 이후에 이루어지는 반응입니다. 이처럼 사건의 '이전'과 '이후'를 구분하여 사고하는 방식은 매우 중요하며, 본 글에서는 이 차이를 각각 '사전 판단'과 '사후 판단'이라는 개념으로 구체화하고자 합니다.

예를 들어, 아이가 조용히 앉아 있어야 하는 상황에서 갑자기 일어났거나 큰 소리를 낸 경우를 생각해 봅시다. 이때 문제가 되는 행동이 일어나기 전에 아이의 상태나 환경적 요인을 고려하여 행동을 미리 예방하려는 접근이 사전 판단입니다. 이는 단순한 규칙 적용을 넘어서, 아이의 관점에서 행동의 이유를 이해하려는 태도를 포함합니다.

예컨대 아이는 조용히 있어야 한다는 규칙을 아직 충분히 이해하지 못했을 수 있으며, 혹은 참기 어려운 배고픔이나 강한 시각적 자극으로 인해 가만히 있을 수 없었을 가능성도 있습니다.

이처럼 행동이 일어나게 된 배경을 사전에 살펴보고, 문제가 발생하지 않도록 돕는 것이 사전 판단의 핵심입니다. 반면 행동이 이미 일어난 이후에 반응하는 방식은 사후 판단에 해당합니다. 혼내기, 칭찬, 지적, 훈계 등 대부분의 개입은 이러한 사후 판단의 범주에 속합니다.

물론 아이의 성장과 학습을 위해서는 사전 판단과 사후 판단이 모두 필요합니다. 그러나 혼내기에 의존하는 악순환에서 벗어나기 위해서는 사전 판단의 비중을 높이는 것이 중요합니다.

문제는 상황이 복잡하고 반복될수록 사전 판단의 작동이 점차 희미해진다는 점입니다. 혼내기가 일상화되면 본래는 사전 판단으로 접근했어야 할 타이름이나 설명조차 결국 사후 판단의 형식으로 이루어지는 경우가 많습니다.

이러한 상황에서 혼내는 사람은 자신이 '설명하고 있다'고 느낄 수 있지만, 실제로는 문제가 발생한 뒤에 반응하고 있는 경우가 대부분입니다. 이 구조 속에서는 사전 판단이 제대로 작동하지 않으며 결국 적절한 예방적 대응이 이루어지지 않습니다.

이 상태가 반복되면 문제가 발생할 때마다 "거봐, 또 그랬잖아"라는 말이 습관처럼 나오게 되고, 혼내기는 두더지 잡기처럼 끝없이 반복되는 악순환으로 굳어집니다. 그 결과 혼내는 사람도, 혼나는 아이도 모두 지치고, 정서적 여유를 잃게 되는 상황에 이르게 됩니다. 이것이 바로 혼내기에 의존하게 되는 출발점이며, 이 상태를 조기에 인식하고 벗어나는 것이 매우 중요합니다. 그 첫걸음은 바로 사전 판단을 회복하는 일입니다.

다음 장에서는 사전 판단을 효과적으로 실천하기 위한 핵심 포인트를 함께 살펴보고자 합니다.


## 예측력 기르기

문제가 발생하기 전에 미리 대비하거나 준비하기 위해서는, 무엇보다 예측하는 능력, 즉 예측력이 필요합니다.

우리가 누군가를 혼내게 되는 상황을 돌이켜보면, 그 대부분은 혼내는 사람의 예상이나 기대에서 벗어났을 때 발생합니다. 전혀 예상하지 못한 행동이나 상황이 눈앞에서 벌어지면, 당황과 분노 같은 감정이 솟구치고 이는 곧 혼내는 행동으로 이어지기 쉽습니다. 이러한 반응은 결국 문제가 발생하기 전에 충분히 인식하거나 준비하지 못한 결과라고 볼 수 있습니다.

반대로 좋지 않은 상황을 미리 예측할 수 있다면 혼내야 할 일은 분명 줄어들게 됩니다. 상대의 행동에 불필요하게 화를 낼 일도 줄어들고, 문제가 발생하기 전에 예방적 대응을 할 수 있기 때문입니다. 그렇다면 예측력을 기르기 위해서는 무엇을 해야 할까요?

가장 실용적이고 효과적인 방법은 '예고하는 습관'을 기르는 것입니다. 자주 혼내게 되는 상대에게, 어떤 행동이 문제가 될 수 있는지, 어떤 상황에서는 주의를 기울여야 하는지를 미리 명확하게 알려주는 것이 핵심입니다.

이러한 예고는 상대의 입장에서도 충분한 사전 인식 없이 갑작스럽게 혼나는 상황을 줄이는 데 도움이 됩니다. 또한 예고를 하기 위해서는 앞으로 일어날 수 있는 상황을 미리 상상하고 준비하는 과정, 즉 예측이 선행되어야 하므로 예고의 실천을 통해 예측력 또한 함께 길러지는 구조가 형성됩니다.

예고 없이 혼내는 일이 줄어들기 시작했다면, 그다음 단계는 애초에 문제 상황 자체가 발생하지 않도록 사전에 준비하는 것입니다. 이러한 접근은 결국 혼낼 필요가 없는 상태를 미리 만들어 가는 방향이며, 혼내기에 의존하지 않는 관계로 나아가기 위한 중요한 기반이 됩니다.

# 하지 않는 것일까, 못하는 것일까 — 그것이 문제다

상대가 부적절한 행동을 보였을 때 우리는 다음과 같은 질문을 <u>스스로</u> 던질 필요가 있습니다.

"저 사람은 하려고 하지 않는 것인가?"

"아니면 하고 싶어도 할 수 없는 상태인 것인가?"

이 질문은 단순한 추측을 넘어, 어떻게 대응할 것인지를 결정하는 핵심적인 판단 기준이 됩니다. 왜냐하면 '하지 않는 것'과 '할 수 없는 것'은 요구되는 사전 조치와 지원 방식이 전혀 다르기 때문입니다.

심리학적으로 이 두 상태는 각각 '오학습'과 '미학습'으로 구분됩니다. 미학습은 해당 행동을 아직 배우지 못했거나, 익숙하지 않은 상태를 의미합니다. 필요한 지식이나 기술이 부족하여 무엇을, 어떻게 해야 할지 모르는 상태입니다.

반면 오학습은 이미 행동을 수행할 수 있는 능력은 갖추었으나, 잘못된 행동을 선택하거나 부적응적 방식이 더 먼저 학습된 경우를 의미합니다. 이는 그 방식이 더 익숙하거나, 단기적으로 이득이 된다고 인식될 때 나타나기 쉽습니다.

그러나 실제 상황에서는 이 두 상태가 자주 혼동됩니다. 특히 미학습 상태임에도 불구하고 상대가 일부러 하지 않는 것처럼 보인다는 이유로 오해하는 경우가 자주 발생합니다.

예를 들어, 어떤 아이가 반복적으로 규칙을 어기거나 부주의한 행동을 할 때, 우리는 "알면서도 안 하는 것이다", "일부러 타인을 곤란하게 만들려는 의도이다"라고 쉽게 단정짓고 싶어질 수 있습니다. 그러나 실제로는 모르거나, 이해하지 못했거나, 단순히 잊어버렸기 때문에 할 수 없는 경우가 더 많습니다. 겉으로는 '하지 않는 것'처럼 보이는 행동의 이면에, 실제로는 '할 수 없는 이유'가 숨어 있을 수 있다는 점을 항상 염두에 두어야 합니다.

이와 관련하여 또 하나 중요한 사실은, 과거에 한 번 해냈다는 이유만으로 지금도 반드시 할 수 있다고 단정해서는 안 된다는 것입니다. 능력이나 기술은 성장 과정에서 매우 불안정하게 변동될 수 있으며, 그 당시의 환경, 감정 상태, 맥락 등에 따라 일시적으로 수행이 어려워질 수 있기 때문입니다. 즉, 과거에 성공한 경험이 있다고 하더라도 지금 다시 동일한 행동을 해낼 수 있다는 보장은 없습니다.

'할 수 있다'는 판단은 대부분의 상황에서 해당 행동을 안정적으로 수행할 수 있을 때에만 내려야 합니다. 그렇지 않다면 아직 학습이 충분히 이루어지지 않은 상태로 간주하는 것이 더 신중한 접근입니다.

이러한 이유로 '하지 않는 것인가, 못하는 것인가'가 불분명할 경우, '할 수 없다'는 전제를 두고 접근하는 것이 더 안전하고 유연한 방식이 될 수 있습니다. 애초에 혼내거나 지적의 대상이 되는 사람은 대부분 미숙하고 성장 중인 존재입니다. 따라서 반복적인 지적이나 혼내기로 대응하기보다는, '아직 못하고 있는 상태'라는 전제 하에 지원과 안내가 먼저 이루어져야 합니다.

혼내기를 줄이고 더 효과적인 학습 환경을 만들기 위해서는 이러한 인식 전환이 반드시 필요합니다. 그 출발점은 언제나 다음 질문에서 시작됩니다.

"이 사람은 지금 하지 않는 것일까, 아니면 못하는 것일까?"

## 할 수 없음(미학습)에 대한 대응: 방법 개선하기

미학습 상태에 있는 사람에게 필요한 것은 비난이나 통제가 아니라 학습을 가능하게 해 주는 지원입니다. 상대의 성장과 변화를 이끌어 내기 위해서는, 무엇을, 어떻게 돕고 조율할 것인지 고민하는 태도가 필요합니다. 아직 능력이나 지식이 부족한 사람을 혼낸다고 해서 그 사람이 갑자기 어떤 일을 해낼 수 있게 되는 것은 아닙니다. 따라서 미학습 상태에서는 혼내는 방식이 적절하지 않습니다.

이 점을 보다 구체적으로 이해하기 위해 자전거를 타는 과정을 예로 들어 살펴볼 수 있습니다. 자전거를 타기 위해서는 균형을 잡을 수 있는 신체 능력과 스스로 타고자 하는 동기가 필요합니다. 이러한 준비가 갖추어지지 않은 상태에서 자전거를 강제로 타게 한다면, 아이에게는 불안, 좌절, 두려움이 생기고, 학습은 오히려 방해를 받을 수 있습니다.

심리학에서는 이처럼 학습이 효과적으로 이루어지기 위한 신체적·심리적·인지적 조건을 '레디니스', 즉 학습 준비 상태라고 부릅니다. 이 개념은 아동뿐 아니라 성인에게도 동일하게 적용되며, 레디니스가 충분하지 않은 상태에서는 지속적이고 긍정적인 학습이 이루어지기 어렵습니다.

예를 들어, 아이의 연령이나 체격이 자전거를 타기에 부족하다면 대부분의 사람은 억지로 자전거를 태우지 않을 것입니다. 그러나 일상에서는 레디니스가 부족한 사람에게도 특정한 행동이나 결과를 당연하게 요구하는 일이 빈번하게 발생합니다. 심지어 외견상 연령이나 신체 조건이 충분해 보이더라도, 두려움, 긴장, 불안과 같은 심리적 요인으로 인해 실제로는 학습 준비가 미완성된 경우도 적지 않습니다.

무언가를 잘하게 되기를 바란다면 먼저 그 사람이 학습을 시작할 준비가 되어 있는지를 확인해야 합니다. 이를 위해 다음과 같은 점들을 점검할 필요가 있습니다.

- 기초적인 지식이나 기술이 체화되어 있는지
- 신체적·정신적으로 감당할 수 있는 상태인지
- 스스로 배우고자 하는 내적 동기가 형성되어 있는지

레디니스가 갖추어졌다면 그다음은 '방법'의 문제입니다. 어떤 방식으로 가르칠 것인가, 즉 효율적이고 적합한 학습 방법을 선택하는 일이 중요합니다.

최근 아이들이 예전보다 자전거를 더 쉽게 배우는 이유는 아이들의 능력이 향상된 것이 아니라, 학습 방법이 달라졌기 때문입니다. 과거에는 보조 바퀴가 달린 자전거를 이용한 연습이 일반적이었지만, 최근에는 페달 없는 자전거(밸런스 바이크)가 널리 보급되고 있습니다. 이 자전거는 아이가 스스로 발로 밀며 균형을 잡고 나아가도록 설계되어 있어, 균형 감각을 보다 자연스럽게 익히는 데 도움을 주며 넘어질 것에 대한 두려움도 줄여줍니다.

그 결과 아이들은 자전거에 대한 부정적 감정 없이, 자연스럽게 본격적인 주행으로 이어질 수 있게 됩니다.

이처럼 방법을 조금만 바꾸어도 학습의 속도와 질은 크게 달라질 수 있습니다. 효율적이지 않은 방식에 집착한 채, 끈기나 반복을 강조하는 접근은 효과적이지 않을 수 있습니다. 오히려 새로운 시도와 개선을 주저하지 않고 더 나은 방법을 찾으려는 유연한 태도가 필요합니다.


## 모험 모드 방해하지 않기

미학습에 대한 대응에서 마지막으로 중요한 점은 학습자의 주체성과 자율성을 존중하는 태도입니다.

누군가를 돕고자 할 때 "이렇게 하세요", "이것은 하면 안 됩니다", "이 방법으로 해보세요"와 같이 해야 할 일과 방법을 대신 정해주는 상황은 매우 흔하게 나타납니다. 이러한 방식은 단기적으로는 일정한 지식이나 기술을 익히는 데 도움이 될 수 있으나, 반복될수록 학습자의 자율성과 주체성을 약화시킬 우려가 있습니다.

가장 큰 문제는 이러한 외부 주도 방식이 지속되면 스스로 배우려는 능력 자체가 점차 줄어든다는 점입니다. 이 점은 아동뿐 아니라 성인에게도 동일하게 적용되는 중요한 학습 과제입니다.

앞서 살펴보았듯이 인간은 모험 모드에 진입했을 때 가장 효과적으로 학습합니다. 모험 모드는 외부의 통제가 아니라, '하고 싶다', '필요하다'는 내적 동기와 욕구에 기반한 자발적 학습 상태를 의미합니다. 이 상태에 진입하기 위한 핵심 조건은 바로 자기결정감입니다. 즉, '내가 결정했다', '내가 선택하고 있다'는 감각입니다. 이 감각이 약화되면 인간은 더 이상 모험 모드에 진입할 수 없습니다. 예를 들어, 누군가가 대신 주사위를 던지는 보드게임을 상상해 보십시오. 결과는 동일하더라도 직접 행동했다는 감각이 없다면 그 활동은 더 이상 흥미롭지 않을 것입니다.

같은 행동이라도 자기결정감의 유무에 따라 몰입도와 학습의 질은 크게 달라집니다. 따라서 진정한 의미의 주도적 학습을 기대하려면, 학습자가 '이것은 내가 선택한 것이다'라고 느끼는 것이 반드시 필요합니다. 이를 위해 복잡한 방식이 필요한 것은 아닙니다. 상대가 스스로 생각하고 결정할 수 있도록 기다려 주고, 그 과정을 존중하는 태도만으로도 충분합니다.

주변 사람의 역할은 의도나 동기를 방해하지 않는 것에 있습니다. 전적으로 맡기는 것이 부담스럽게 느껴진다면, 몇 가지 선택지를 제시하고 그중에서 고르게 하는 방식도 적절한 대안이 될 수 있습니다. 선택의 폭이 단순하더라도 '내가 선택했다'는 경험은 학습자의 몰입도와 자기 주도성에 깊은 영향을 미칩니다. 자기결정감을 기반으로 한 작은 선택의 경험은, 학습의 내적 동기를 자극하고 참여의 질을 높이는 중요한 요소가 됩니다.

이와 대비되는 개념은 방어 모드입니다. 방어 모드는 편도체를 중심으로 한 뇌의 부정적 감정 네트워크가 활성화된 상태로, 공포, 불안, 긴장, 회피 등의 반응을 유발합니다.

혼내기는 이 방어 모드를 의도적으로 유도하는 커뮤니케이션 방식입니다. 그리고 모험 모드와 방어 모드는 동시에 활성화될 수 없습니다. 즉, 혼내는 순간 학습자는 모험 모드에서 이탈하게 되며, 그 결과 학습 효과와 내적 동기 모두 급격히 저하됩니다.

따라서 혼내기를 줄이기 위해서는, 학습자가 가능한 한 모험 모드에 머물 수 있도록 그 상태를 방해하지 않는 접근 방식이 필요합니다. 이러한 인식은 결국 혼내는 방식을 자연스럽게 내려놓는 실천으로 이어지게 됩니다.


## 하지 않음(오학습)에 대한 대응

앞서 살펴본 사전 판단 전략의 마지막 항목으로, 이번에는 오학습, 즉 할 수는 있지만 하지 않는 경우에 대한 대응 방안을 살펴보고자 합니다.

오학습은 특정 행동을 수행할 능력은 이미 갖추고 있으나, 의도적으로 다른 부적절한 행동을 선택하는 상태를 의미합니다. 이러한 경우 가장 핵심적인 전제는 해당 행동이 어떤 방식으로든 보상으로 작용하고 있기 때문에 반복된다는 사실입니다. 따라서 효과적인 대응을 위해서는 그 행동이 어떤 보상과 연결되어 있는지를 정확히 파악하는 것이 필수적입니다.

오학습의 대표적인 예 중 하나는, 주변 사람들의 주목이 보상으로 작용하는 경우입니다. 부적절한 행동을 했을 때 혼이 나든, 칭찬을 받든, 타인의 주의가 집중되는 상황 자체가 일종의 보상이 되는 것입니다. 이러한 상황에서는 단순히 혼내는 것만으로는 행동을 억제하기 어렵습니다. 오히려 그 행동을 강화하는 결과를 초래할 수 있습니다. 즉, 행동 자체는 부적절하더라도 그로 인해 자신이 주목받고 있다는 감각이 강화되면서 해당 행동이 반복되는 것입니다.

오학습에 대해 주목해야 할 또 다른 심리적 요인은 혼내는 사람의 처벌 욕구입니다. 일부 상황에서는 혼내는 사람이 느끼는 강한 감정적 반응, 즉 '되갚아주고 싶은 마음'이 오히려 상황을 악화시키는 요인이 되기도 합니다.

'당한 만큼 되돌려주었을 뿐이다', '상대가 먼저 문제를 일으켰다'와 같은 정서적 논리 속에서 혼내기가 마치 정의의 실현처럼 느껴지는 경우도 적지 않습니다.

이러한 상황에서는 혼내는 행위가 교정의 수단이 아니라 감정 해소의 통로로 작동하게 되며, 상대방은 자신을 방어하기 위해 오히려 부적절한 행동을 반복하는 악순환에 빠질 수 있습니다.

오학습에 대한 기본 대응 원칙은 명확합니다. 해야 할 행동을 구체적으로 안내하고, 그 행동을 했을 때 적절한 보상이 주어지도록 구조화하는 것이 핵심입니다. 즉, 다음과 같은 조건을 만족시켜야 합니다.

적절한 행동으로 얻는 보상이, 부적절한 행동으로 얻는 보상

보다 더 매력적일 것.

특히 이때 제공하는 보상은 기존에 그 행동을 통해 얻고자 했던 보상과 유사한 성격일수록 효과가 높습니다. 예를 들어, 상대가 주목을 원했다면 적절한 행동을 했을 때 주목받는 경험을 제공하는 방식이 효과적입니다. 또한 혼내는 사람이 감정을 해소하고자 하는 경우에는, 보다 건강한 방식으로 불만이나 경계를 표현할 수 있도록 돕는 전략도 함께 마련해야 합니다.

물론 오학습 상황에서는 혼내기가 일시적인 억제 수단으로 제한적으로 사용될 수는 있습니다. 예를 들어, 하지 말아야 할 행동

에 대해 사전에 명확히 경고하고, 예고된 규칙에 따라 일관성 있게 대응하는 방식은 일정한 억제 효과를 가질 수 있습니다.

그러나 그 행동이 주목받는 것 자체를 목적으로 하고 있는 경우 혼내는 행위는 오히려 해당 행동을 지속시키는 촉진제가 될 수 있다는 점을 반드시 인식해야 합니다. 결국 오학습에 대한 대응은 정서적 반응이 아닌 구조적 개입으로 접근하는 것이 바람직합니다. 이러한 구조적 대응이야말로 지속 가능한 변화를 이끄는 핵심 전략이 됩니다.

# 혼내기에 대한 의존으로
# 고민하는 당신에게

지금까지 우리는 혼내기에 의존하지 않기 위한 다양한 방안을 함께 살펴보았습니다. 그러나 아무리 예방을 시도하더라도 혼내지 않는 태도를 유지하는 것이 쉽지 않은 순간은 분명 존재합니다.

그래서 이 책의 마지막에는, 혼내기를 멈추고 싶지만 여전히 어려움을 느끼는 분들께 드리고 싶은 이야기를 담고자 합니다.

가장 먼저 전하고 싶은 말은 다음과 같습니다.

무엇보다, 스스로를 소중히 여겨주시기 바랍니다.

혼내기에 의존하게 되는 순간, 우리는 흔히 마음의 여유를 잃고 시야가 좁아지게 됩니다.

"이 사람에게 어떻게든 깨닫게 해야 해."

"내가 가르치지 않으면 아무도 해주지 않을 거야."

"이대로 내버려 두면 이 아이에게 도움이 되지 않을 거야."

이러한 생각이 마음속을 가득 채울 때는, 잠시 깊게 숨을 쉬고, 문제에서 한 발 물러서서 보는 것을 권합니다.

그리고 지금 내 안에 남아 있는 에너지가 얼마나 되는지 살펴보시기 바랍니다. 여유가 부족하다고 느껴진다면, 잠시 멈추는 것 또한 전략적인 선택이 될 수 있습니다. 결코 부끄러워할 일이 아닙니다. 오히려 그 여유를 되찾는 시간이, 변화의 첫걸음이 될 수 있습니다.

여유를 되찾은 후에 다시 상대를 마주한다면, 이전에는 보이지 않던 모습이 눈에 들어올지도 모릅니다.

이번에는 혼내고 싶어졌던 그 사람을 조용히 바라보며, 그 사람의 내면을 상상해보시기 바랍니다.

- 지금 무엇을 보고 있을까?
- 어떤 소리를 듣고 있을까?
- 어떤 감정을 느끼고 있을까?
- 이 상황을 어떻게 받아들이고 있을까?

사람마다 세상을 바라보는 방식, 느끼는 방식, 받아들이는 방식은 모두 다릅니다. 이는 단순한 성격이나 기분의 차이가 아니라 뇌와 신경 시스템의 작동 방식에서 비롯된 차이일 수도 있습니다.

중요한 것은, 각자의 주관적 세계를 존중하는 태도입니다.

그 대상이 어린아이일지라도, 자기만의 감각과 판단은 반드시 존중받아야 합니다. 성인이라면 말할 것도 없습니다.

사람은 누구나 자신의 인생만을 체험하며 살아갑니다. 그렇기 때문에 타인을 이해하려 할 때도, 자신의 기준과 시각을 중심으로 생각하게 되는 경향이 있습니다.

　그러나 아무리 노력해도 관계가 풀리지 않는다고 느껴질 때는 그 기준을 잠시 내려놓는 시도가 필요합니다. 그 순간 완전히 새로운 시야나 전혀 다른 해석이 떠오를 수도 있습니다.

　이와 관련해 특히 주의 깊게 바라보아야 할 단어가 있습니다.

　바로 '보통', '상식', '당연함'이라는 말입니다. 이 단어를 잠시 내려놓고, 조금 더 순수한 시각으로 지금 이 상황을 다시 바라보는 것. 그것이 어쩌면 진정한 이해로 나아가는 첫걸음일지도 모릅니다.

　그 후에는 이 책에서 소개한 것처럼 사전적 접근—문제가 일어나기 전에 대응하는 방식을 다시 한 번 점검해 보시기를 권합니다.

　물론 때로는 문제가 너무 복잡하거나 반복적이어서, 책만으로 해결하기 어렵다고 느껴질 수도 있습니다. 그럴 때는 전문가의 도움을 받는 것도 하나의 중요한 선택입니다.

　혼자서는 같은 자리만을 맴도는 듯한 기분이 들더라도, 신뢰할 수 있는 전문가와 함께 생각을 정리하고 나누다 보면, 분명히 앞으로 나아갈 길이 보이게 될 것입니다.

　세상에는 당신의 감정을 받아들이고, 현실적인 조언과 도움을 줄 수 있는 전문가들이 많이 존재합니다. 공공기관을 포함하여 비용 부담 없이 도움을 받을 수 있는 창구도 마련되어 있으니 꼭 한번 검토해 보시기 바랍니다.

마지막으로 한 가지 분명히 말씀드리고 싶은 것이 있습니다.

만약 그 전문가가 당신을 혼내는 사람이라면 그 자리에서 벗어나야 합니다. 진정한 전문가는 당신을 혼내지 않습니다. 당신이 혼내는 방식을 내려놓을 수 있도록 함께 고민해 줄 사람, 그런 사람이 진짜 전문가입니다. 그런 사람을 꼭 만나시기를 바랍니다.

# 마치며

이 책의 머리말에서 저는, 누군가를 혼낼 가능성이 있는 모든 사람을 위한 책이라고 썼습니다. 그러나 집필을 모두 마치고 다시 이 글을 읽어보니, 이 책은 마치 저 자신에게 보내는 경고의 편지와도 같다는 생각이 듭니다.

직장과 가정에서 일정 부분 상황을 정의할 권리를 가진 저에게 '혼내기에 대한 의존'은 결코 남의 이야기가 아니며 항상 마주해야 할 커다란 과제이기도 합니다.

물론 '혼내기에 대한 의존'이라는 표현은 저의 작업 가설에 기반한 개념일 뿐, 심리학이나 정신의학의 용어는 아닙니다. 그럼에도 불구하고 이 표현은 제 마음 한구석에 깊이 자리 잡고 있어서 저는 지금도 종종 저 자신에게 질문을 던집니다.

"혹시 나도 다시 혼내기에 의존하고 있지는 않은가?",

"지금의 대응은 정말 적절했는가?"

이 책을 쓰게 된 배경에는 저 자신의 내면과의 싸움뿐 아니라 우리 사회에 대한 깊은 위기감이 자리하고 있었습니다.

2020년 이후 코로나19 사태를 겪으며 사람들 간의 접촉은 줄어들었고, 우리 사회는 급격한 변화와 함께 관계의 밀도가 왜곡되는 시간을 통과했습니다. 그 결과 일부 관계는 이전보다 더 밀접해졌으며 혼내는 방식이 더 일상적이고, 더 강하게 작동하게 된 경우도 적지 않았습니다. 또한 저는 사회 전체가 점점 더 처벌 욕구를 충족시키는 방향으로 흘러가고 있다는 느낌을 받습니다. 혼내기에 대한 의존은 이제 누구에게나 가까이 있고 너무나도 익숙한 현상이 되어버린 듯합니다.

이 책을 통해 한 사람이라도 더 많은 이들이 혼내는 일에서 자유로워지고, 그 무거운 짐을 조금씩 내려놓을 수 있게 되기를 바랍니다. 그리고 그런 변화를 위해 서로가 서로를 지지하며 함께 노력하는 미래를 꿈꾸며 이 책을 썼습니다. 그 미래는 분명히 누구에게나 더 살기 좋은 사회가 될 것이라 믿습니다.

끝까지 이 책을 읽어주신 독자 여러분께 진심으로 감사드립니다. 작은 한 줄이라도 마음에 남는 문장 하나라도 도움이 되셨다면 그것만으로도 저에겐 큰 기쁨이 될 것입니다.

그리고 누군가가 이 책을 읽고 "이 책을 만나서 참 다행이었다"

라고 느껴주신다면, 그보다 더 행복한 일은 없을 것입니다.

이 책이 출간되기까지 기획 단계부터 마지막 교정에 이르기까지 출판사 편집부 여러분의 세심한 지원과 헌신이 있었습니다. 깊이 감사드립니다. 또한 원고 집필 과정에서 따뜻한 조언을 아끼지 않으신 국립장애인재활연구소 이데 마사카즈 선생님께도 진심을 담아 감사를 전합니다.

마지막으로 집필 기간 동안 많은 부분을 이해하고 기다려 준 사랑하는 아들, 그리고 가정에서 '혼내는 것'을 줄이기 위해 함께 노력해 준 아내에게 이 자리를 빌려 진심으로 고마운 마음을 전합니다.

매우 추운 12월의 밤, 미래에 대한 희망을 담아

무라나카 나오토

**무라나카 나오토**(村中直人)

1977년생. 임상심리사 및 공인심리사. 일반 사단법인 아동·청소년 육성 지원 협회 대표 이사이자 Neurodiversity at work 주식회사 대표이사로 재직 중이다. 인간의 신경학적 다양성에 주목하며, 뇌신경의 차이에 기반한 문화 간 상호 이해의 촉진, 학습 방식의 다양성이 존중되는 사회를 만드는 것을 목표로 활동하고 있다. 2008년부터 다양한 요구가 있는 아동들이 자신에게 맞는 학습 방법을 배우도록 지원하는 학습 지원 사업 「아스하나 선생님」의 창립과 운영에 참여했으며, 현재는 「발달 장애 서포트 스쿨」을 통해 지원자 양성과 교육에도 힘쓰고 있다. 저서로는 「뉴로다이버시티의 교과서-다양성 존중 사회를 위한 키워드」(카네코 서점)가 있다.

혼내는 사람, 혼내지 않는 사람을 혼내는 사회

# 왜 우리는 남을 혼내는 것을 멈추지 못할까?

**초판 1쇄 인쇄**  2025년 5월 16일
**초판 1쇄 발행**  2025년 5월 30일

**지은이**  무라나카 나오토
**마케팅**  ㈜더북앤컴퍼니
**펴낸곳**  도서출판 THE북
**출판등록**  2019년 2월 15일 제2019-000021호
**주소**  서울특별시 영등포구 양평로12가길 14 310호
**전화**  02-2069-0116

**이메일**  thebook-company@naver.com
**ISBN**  979-11-990195-3-9 (03190)